理论 | 实践 | 成功案例

房企制胜

智慧营销

韩剑 孙霞 编著

图书在版编目（CIP）数据

房企制胜智慧营销 / 韩剑 , 孙霞编著 . -- 上海：
上海交通大学出版社 , 2023.7
ISBN 978-7-313-28721-2

Ⅰ . ①房… Ⅱ . ①韩… ②孙… Ⅲ . ①房地产企业—
营销管理—研究—中国Ⅳ . ① F299.233.5

中国国家版本馆 CIP 数据核字 (2023) 第 087538 号

房企制胜智慧营销
FANGQI ZHISHENG ZHIHUI YINGXIAO

· ·

编　　著：	韩剑　孙霞		
出版发行：	上海交通大学出版社	地　　址：	上海市番禺路 951 号
邮政编码：	200030	电　　话：	021 - 64071208
印　　刷：	上海锦佳印刷有限公司	经　　销：	全国新华书店
开　　本：	787mm×1092mm　1/16	印　　张：	12.25
字　　数：	296千字		
版　　次：	2023年7月第1版	印　　次：	2023 年 7 月第 1 次印刷
书　　号：	ISBN 978-7-313-28721-2		
定　　价：	168.00元		

《房企制胜智慧营销》编委会

主任： 韩 剑　　孙 霞

编委： 梅 波　　冯仔佳　　张伟琦　　陈斌龙　　常新芳

　　　　　崔 昕　　刘江贤　　张 涛　　刘勤利　　李 祎

　　　　　葛日红　　陈 洁　　刘超伟　　陈 光　　汤 彬

　　　　　白 楠　　卿 伟　　王 丰　　张吉辉

不动产的数字化转型，营销的数智化是必不可少的环节。智慧营销需要满足客户全生命周期的诉求，同时，数据的价值、数字化的应用以及企业数据资产都是企业需要重点关注的地方。推动智慧营销的发展不仅仅需要技术进步，更需要相关企业对数字化的认知、决策和执行等软实力。

——中国房地产业协会数字科技分会 李波

当今世界正经历百年未有之大变局，全球经济面临着新时代数字化、智能化的挑战，特别是对传统支柱行业提出了更高的升级转型需求。因此，作为我国国民经济支柱产业之一的房地产业，迫切需要积极适应数智化技术，以促进其自我革新。基于此，本书从房地产—房企—营销等多层次的过去、现状、未来开展了多维度深入体系的研究，提出了实现房企制胜智慧营销的完备理论和创新技术，建立了基于客户全生命周期的方法及评价体系，构建了房地产企业客户资产数字化体系，成功解决了房企数智化过程中的瓶颈。该书是一本不可多得的跨领域多维度的优秀图书，将为房企数智化转型升级提供理论指导和技术支持。

——日本 JSPS FELLOW 上海交通大学土木工程系博导 胡建辉

房地产行业确定无疑地进入了"四低一高"、超级分化的新时代，并正在倒逼房地产企业八仙过海、各显神通，纷纷创新发展模式和经营逻辑。但是数智化升级、营销创新是几乎所有房地产企业的共同选择。在这种行业大变革的时代背景下，本书的应景应时的出版，既可以助力行业的升级转型，其中的模型、方法、工具和案例更可以助力甚至牵引房地产企业做难而正确的事，活下来，并精彩地活下去！营销，已经不单纯是营销部门的事，已经上升为战略的重要构成部分，是老板必须关注甚至亲力亲为的大事。所以强烈建议房企的老板们好好读读此书。

—— G50/F100 地产董事长俱乐部会长 博志成联合创始人 黄博文

在天泰实施智慧营销与服务转型升级的过程中，与原圈科技的合作，让天泰团队在智慧营销与服务认知上得到提升。在未来业务重塑与转型中，天泰会进一步深化数字化服务领域的能级，致力于为客户提供更完善便捷的数字化服务体验。

——天泰创始人 王若雄

时代在变，技术在变，沟通的方式更在巨变。在房地产继续成为中国经济主旋律的今天，我们发现房地产营销领域成功的数据科技应用平台并不多见，而系统性的技术讲解和案例分享更加稀少，以产品为核心的高质量的科技＋的合作十分可贵，由此让本书在业界尤为值得推荐。

——上海市信息化企业家协会会长 上海交通大学教授 戴剑飚

营销，有章可循，有法可依，有其内在的科学的方法论。严格来说，营销是一门技术。更高明的营销，甚至可以称之为艺术，让人叹服，这需要大智慧加持。在房地产业，营销更需要方法论，更需要大智慧，才能穿越迷雾，穿越周期，抵达彼岸。

——地产自媒体联盟秘书长 地产操盘手创办人 路应刚（手哥）

原圈科技是房地产智慧营销的领先践行者，我亲身全程见证了他们正在创造的这场关于房地产营销的"数智化工业革命"，这是极具前瞻性、时代性和实践性的。这本书是集理论、实践与案例于一体的智慧宝典，可以成为未来行业从业者的工具书和实践手册，值得反复研读。

——中国房地产产业投资基金创办人 中原地产原大陆区总裁 赖国强（KK）

数智化时代，消费者需求和消费场景正在改变，营销方式也需要以消费者为中心重构。智慧营销基于数据洞察、预测并创造客户需求，是未来房地产行业营销的主流趋势。本书基于营销理论和实践经验，为房地产企业搭建智慧营销体系，提供了标准化最佳实践方案。

——上海交通大学教授 "人工智能 +"行研团队负责人 史占中

这是我看过房企智慧营销思考最有深度，分析最成体系，案例最接地气的一本书。企业都渴望获得持续的盈利能力；而能够理解客户、洞察客户的需求则是企业持续盈利能力的重要基础；数字化，又是进一步帮助企业经营管理者触达客户、了解客户、洞见客户需求的重要工具。面向未来，数字化将是企业管理者们必须面对的重大课题，衷心希望本书能给读者带来启发和增益！

——彬复资本创始人 上海交通大学创业导师 交大安泰创投服务协会会长 范惠众

在一个数据驱动下的用户中心化时代，传统的"漏斗式"打法终将过去。面对"流动的消费者"，建立品牌和用户之间的"私域关系"，正在成为未来营销的基本盘。本书介绍的"流量融合 + 系统工具 + 增长运营"三板斧，完整解决了私域运营的关键——触点布局、用户洞察和内容催化，为地产行业下行时期房企逆风翻盘提供了一条新的制胜之道。

——弯弓 Digital 和《私域流量观察》创始人 弯弓研究院院长 梅波

接近本书完稿时，日历翻到了公元 2023 年的 3 月。在过去的一年多时间里，由于政策、疫情和地产行业本身深层次的商业模式问题，中国的房地产行业经历了近 20 年来最为深刻和广泛的困难。大量的民营房企出现债务危机和经营停滞，不少消费者遇到了在建停工交付延期，无论是改善还是刚需，对购房者信心的打击之大多年未见。地产行业在 2022 年的销售规模下降了 40% 以上，不少城市甚至腰斩。很多地产相关的从业人员都在困惑：中国的地产行业还能不能变得好？如何变得更好？地产的未来究竟是什么？总体开发规模下降之后，企业如何保障营销，做好增长？

作为一名数字化科技领域的实践者，进入房地产行业工作至今正好十年了。在这十年间，从对地产行业商业模式、业务需求、岗位角色、管理制度等诸多知识的懵懂好奇到深入了解，从对地产行业管理者和营销人的陌生不近到相知相敬。我越来越理解这个行业的独有运行逻辑和营销特点：很多风险隐忧，不是一朝一夕由房企独自运作而生的；很多困难现状，也不是可以凭简单的工具升级技术创新可以解决的；很多创新优化，更不是忽视多层级各角色的合理利益分配，仅凭强推就可以实现的。但这绝不意味着我们不能从技术的独特视角观察和思考这个深厚复杂行业的增长空间和革新之道，这甚至意味着实体行业数字化转型的实践者拥有更大的机遇和责任。如果我们能明晰一套从技术能力、管理制度、营销实践、组织协同、体系激励等多方面真正匹配房产行业特色的智慧营销增长最佳实践，并能够和一批中国大规模、高水平的房企共创共赢落地生根，那绝对是意义重大。

那么让我们直面问题：房企的智慧营销究竟怎么赢？

首先谈"取势"。早在 2015 年，我就跟大量行业高管和营销总们进行了深入沟通互动。这些行业的有识之士对于未来十年中国地产营销的趋势认知高度一致：因为行业规模、金融杠杆率、人口等走势是相对容易预测的。中国地产行业的营销增长模式必将"从卖方走向买方，从粗放走向精细，从交易走向运营"。虽然这两年多重因素的意外融合以及"组合谬误"生成了行业风暴，但营销增长模式大趋势的走向丝毫未改，甚至让大家看得越来越清楚了。房企的智慧营销，其本质就是要让房地产企业能真正拥抱这样的中长期趋势。只有方向看对了，前进才有意义。

接着说"明道"。这是确保房企智慧营销创新从理想之谷跃迁到现实之峰的关键。人们常说：理想是丰满的，现实是骨感的。大量的理论和技术创新没有成功落地，往往是产品搭建对现实的考虑和建模忽略了关键要素。十年的地产营销数字化实践中，我们发现决定创新成败的诸多要素：从房产企业内部来说，是否平衡考虑了一线销售员和管理人员的执行需求以及区域集团的管控需求，是否真正对销售前线有赋能提效相当重要。智慧营销的创新蓝图是否全面地考虑到内容策划、流量触达、场景融合、组织协同、绩效评估、利益分配和技术架构等多个关键要素十分关键。对消费者来说，房企的智慧营销是否提升了其品牌认知，营销旅程和服务质量同样决定成败。对这些影响成败的因素有考虑有安排，才能确保智慧营销的创新走得稳，走得长。

最后聊"优术"。当下，新一代信息科技正在以令人眼花缭乱的速度和多样性进入新的发展高潮。移动互联、大数据、平台经济方兴未艾，万物互联、人工智能、元宇宙等闪耀登场。地产行业的营销实践者们，既需要保持开放的眼界和好奇心，又不能被新概念新可能迷惑忽悠，低估了这些技术跟行业真实业务结合的成本和难度。远的不说，就是面向消费者的营销服务平台，如何结合类似小程序、抖音直播、企业微信等 C 端入口并和房企内部的 CRM（客户管理）系统做到互联互通数据通畅，做到架构可持续迭代优化，从而让业务部门和购房者满意，国内做得好的房企也仅是少数。做好方案蓝图的设计和技术路线的选型，亦是一件十分专业的工作，假如人云亦云道听途说，很可能让你的智慧营销创新投入血本无归，反复推倒重来。

"收获真实的营销业绩提升，积累和有效运营'数字化用户资产'，赋能企业拥抱新的营销可能性"，沿着这条跋涉路径，我们很欣慰地看到，即便在行业最为困难的 2022 年，仍然有一批优秀的房企，如远洋、万科、金地等坚定地在智慧营销领域里持续投入和迭代推进。我们也坚信，只有实现了技术和行业需求的结合，只有科技专家和行业专家"交圈"共创，才能真正让房企的智慧营销获得成功。本书在编写过程中大量内容取自远洋集团智慧营销的创新实践案例，远洋营销副总孙霞女士也是本书的主要编写者之一。在本书中大量真实的战略思考和落地细节，就来自远洋的营销团队和数字化团队的实践。在本书的成书过程中，也得到了多位原圈科技的技术专家如李祎、陈洁、汤彬、陈光等的输入，在此一并表示衷心感谢！

做好智慧营销，就是在正确的方向上做好一系列小事儿。欢迎您跟我们一起，打开这本书，开启您的智慧营销增长之旅！

原圈科技创始人 &CEO 韩剑

决定写这本书的时候正值 2022 年的深秋，这一年北京的秋天比往年更温暖一些，却依然抵挡不住地产寒冬带给每一个地产人的凛冽寒风。2022 年，房地产全产业链都受到前所未有的压力。无论是开发商、城投公司，还是代建或者销售端的企业，都面临前所未有的严峻挑战。生存和变革，是摆在每个企业面前的必答题。

数字化和智能化已经颠覆了很多产业。回望地产公司的这些年，大家在智能化、信息化方面都投入了很多的人力物力成本，做了大量的研究和应用，相对成熟。但是在数字化方面，尤其是随着新媒体的不断精进，在应用端还有很大的发展空间。房地产在数字化方面的应用日新月异，同时又任重道远。

为什么这么说呢，举个例子：假设我们想触达 80 万个客户，传统营销是安排 80 个小蜜蜂线下发单，大概需要一个月的时间。这里面不仅仅有物料成本、人员成本，还有管控的成本。然而现在利用一次直播或者一个短视频就能很容易触达到百万级、千万级客户。不仅如此，还可以根据你的需要，设定目标客户标签进行筛选。这样的高效客户拓展模式谁不喜欢？

但大家积极应用之后，就又发现了新的问题。海量客户是触达了，但是有效线索不多。或者有效线索够了，到访转化不高，所以如何让智慧营销在房地产领域实现能用、好用、大家又愿意用的工具并不简单。真正发挥其价值需要企业全业务链条打通，线上线下打通，包括迭代人员素质模型，调整组织架构调整，最终才实现真正的业务闭环。

远洋智慧营销的全面启动是在 2021 年年中。促动我们全面开启智慧营销，根本原因是源于房地产营销业务自身的痛点：一线业务员流动性大 + 客户拓展强依赖外渠 + 客户资产无法沉淀管理 + 案场转化和服务品质不理想 + 决策依据相对粗狂。围绕这些痛点，启动之初我做了大量调研工作。最后发现，无非就是要解决"用户拓展 + 到访转化 + 分析决策"这三个问题。因此，我们建设路径很明确了。

1 个目标：

以用户为中心提升运营能力，以一线销售为中心提升案场管理能力，以交易为中心提升决策能力。打造企业真正的私域流量池，沉淀用户资产，提升企业的核心竞争力

2 个用户：

内部用户：一线销售人员

外部用户：买房客户

3 个平台：

用户运营管理平台 + 数字化案场服务平台 + 营销数字化分析平台

用户运营管理平台是最先搭建的部分，平台中最重要的应用之一就是企业微信。启动之初设定的目标是"半年之内营销全员 100% 切换企业微信"。实际执行中，用了 3 个月的时间完成内部系统和企业微信平台的融合，然后启动了 12 个试点项目，4 周沉淀了企业微信客户 65 万以上，最好的业务员在一周之内新增企业微信用户超过 2 万，达到了单账号企业微信用户数量的上限。到 2021 年 12 月就实现了营销全员 100% 企业微信号的切换。同时，我们在抖音平台通过两场造节式的直播，将集团抖音号从 0 粉小白做到 10 万以上粉丝，成为当周抖音全行业黑马。自有的全民经纪人平台，在 2021 年也实现了推荐到访 1.5 万组，4000 多组成交。

一路走来，数字化转型的成果很显著，但是也遇到了很多问题，很多瓶颈，比如：做裂变的时候，究竟是内容重要还是技术重要？如何实现从触达到成交的大漏斗的真实转化？怎么能让一线置业顾问真心地愿意将客户从个人微信转移到企业微信？

面对如上这些问题，我们在智慧营销的推进中做了三个调整：

1. **强化场景**：拉通智慧营销的产品功能和业务场景，比如基于企业微信构建的裂变功能。2022 年 4 月我们做了一次针对企业微信客户池的裂变，通过优质内容叠加裂变激励的方式，有销售员当天就实现了 13.5 万次触达，6 万次分享，加微 573 组，留电 261 组。同时，我们也意识到优质的内容是快速广泛传播的根基。

2. **强化结果**：强化智慧营销与营销结果的拉通。营销的"原动力"是业绩，我们直接调整了营销业绩的来源归口，将线上拓客变成了"四大来源渠道"之一，成为业绩达成的关键性指标，同时针对线上营销拓客、全民经纪人、企业私域池等同步制定了明确的考核指标，营销的业务端与数字化的系统端融合，让智慧营销的意识传导到全集团。

3. **强化动作**：这个是指智慧营销的整体意识的强化。首先第一个意识转变就是智慧营销是营销一把手工程甚至是企业一把手工程，是必修课，不是创新或者尝试。再次就是智慧营销是公司战略，是常态且长期的能力建设。所以我们提出了 8 项智慧营销业务必选动作的短期要求，以及建立以企业微信为核心的营销服务体系，形成有效的用户数据资产的中长期规划。当然，意识强化的前提是"好用"，你做的东西真能帮助他解决问题。

远洋过去两年在智慧营销领域的探索和应用，困难很多，收获也很多。一路走来能获得这样成绩，少不了内外部伙伴的陪伴和支持。这里还是特别感谢远洋集团数据流程中心陈斌龙带领的团队提供的大力支持，感谢原圈科技韩剑团队的技术支持及运营陪跑，感谢远洋营销每一位同事的创新实践，以及大量幕后的参与者支持者，因篇幅有限无法逐一提及，也在此一并致谢。

最后，由于智慧营销的转型实践刚刚迈开万里长征的第一步，过程中难免有些错误和弯路要走，书中提及的内容如有疏漏和不妥之处，敬请各位读者批评指正。

远洋集团经营发展中心常务副总经理 孙霞

目 录
CONTENTS

第五章　领先房企智慧营销建设实践 119

第六章　房企智慧营销的下一步展望 158

名词解释 177
后记 179

第一章
房地产行业发展困境及制胜之道

房地产行业发展二十载，中国住房经历了从严重供给不足到供需逐步逆转的过程。而随着长期支撑行业总量扩张的人口及城镇化因素已发生了趋势性改变，房地产行业面临着规模增长瓶颈。另外，在"房住不炒"政策基调以及"三道红线"政策监管的市场环境下，房地产市场发展的底层逻辑发生转变，由土地红利、金融红利迈向了管理红利，企业的经营模式也将随之转变。

数智化发展一是大势所趋，二是行业、企业发展需求，而营销是企业自驱、内驱的关键动力，是房企需要提升的核心竞争力。

尤其是伴随着 5G、VR、元宇宙等技术的深入应用，ChatGPT 等通用大模型人工智能技术的快速成熟，抖音和企业微信等超级社交媒体对网民的全面覆盖……房企智慧营销拥有了更多的营销可能性和玩法，有了更多影响客户的战场。但数据的割裂、应用的孤岛、客户归属判断和预算合理分配等问题也接踵而来，让营销人应接不暇，让企业难以适从。

最近几年，大量地产企业在智能互联时代的自主营销获客体系还在初级构建阶段，普遍缺乏强有力的自主化"获客 - 管客 - 养客"的战略能力体系。

因此，打造和强化自主营销获客和智能化服务客户的战略能力体系，能够大幅降低营销成本和提高信息透明度，帮助企业更好地应对市场变化，是房地产企业绝不能输的战役。

2022 年，中国房地产行业面临重大转折，百强房企业绩惨淡，销售总额同比下降 41.6%，近 9 成百强房企累计业绩同比下滑。但仍有一些优质房企通过智慧营销等方式精细化运营管理，智能化推盘去化，表现出较强的抗周期韧性。

2022 年末以来，中央部门多次发文提振房地产市场信心。政策以稳定为主导，以调控为重点，加强房地产市场规范性建设，着力解决房地产市场中的热点难点问题，完善房地产政策体系，推动房地产市场健康稳定发展，为 2023 年甚至更长一段时间内房地产行业发展指明方向。

2023 年，房企需要抛弃过去粗放的发展模式，重新思考生存和发展问题。对于砥砺前行的房企而言，如何顺势调整发展战略，走出一条"新路"是迫在眉睫的事情。中长期趋势来看，智慧营销赋能销售端是房企运营改善的制胜之道。

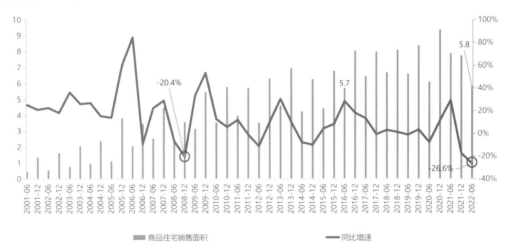

2001 - 2022 上半年半年度全国商品住宅销售面积及同比增速

(资料来源：wind、统计局)

第一节　房地产行业的发展现状及未来趋势

一、行业疑似进入"黑铁时代"

房地产行业经过几十年的高速发展，中国住房从严重供给不足到供需逐步逆转。2022 年，中国房地产行业的大环境已经发生根本性的变化。受疫情、市场需求等诸多因素影响，房地产市场整体持续下行，多数规模房企呈现负增长。而且，长期支撑行业总量扩张的人口及城镇化因素均发生趋势性改变，未来房地产行业将面临规模增长瓶颈。这无不显示中国房地产行业进入了一个新的历史时期，从黄金、白银、青铜，直至"黑铁时代"。

1. 房企业绩大降，行业信心低迷

百强房企业绩同比大降 41.6%，千亿级房企"腰斩"至 20 家。2022 年，房地产市场经历了前所未有的冲击，诸多因素致使房企陷入大规模负增长的局面。中国房产信息集团（CRIC）调研数据显示，自 2021 年中国百强房企出现负增长以来，房企下行压力逐步增强，至 2022 年，百强房企市场销售额同比下降 41.6%，其中 9 成房企呈现业绩同比负增长。自 2010 年万科成为第一家千亿级房企以来，中国千亿房企数量逐年增加，于 2020 年达到 43 家，2021 年也维持在 43 家，但 2022 年业绩普降的情况下，千亿级房企减少了 23 家，"腰斩"至 20 家。

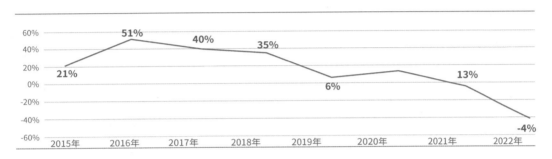

2015 年以来百强房企销售业绩增速变动情况

（资料来源：CRIC）

土地成交规模创近十年新低，楼市成交量骤减。地产行业大环境遇冷，土地成交规模和楼市成交量难挽颓势，致使行业信心严重受损。据克而瑞研究中心数据，截至 2022 年 12 月，全国 300 个城市土地成交面积创近十年新低，同比约下降了 37%，成交金额同比下降 34%。楼市方面，2019—2021 年我国重点城市成交量一直维持着高位微增走势，至 2021 年下半年，楼市成交量急剧下滑，整体下行趋势持续到 2022 年末。中央和地方政府虽颁布了多项纾困政策，但受疫情防控影响，以及多家房企爆雷、项目烂尾等事件的冲击，居民对楼市失去信心。截至 2022 年 11 月，楼市年度成交面积仅为 32437 万平方米，占 2021 年全年成交的 58%。

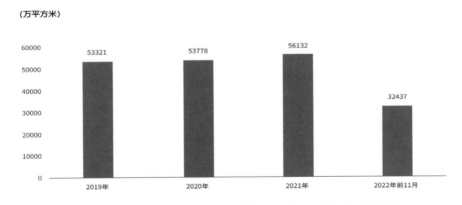

2019 － 2022 年 11 月全国 125 城新建商品住宅成交面积变化情况

（数据来源：CRIC 中国房地产决策咨询系统）

2. 市场需求减弱，偿债压力巨大

出生人口持续减少导致住房需求回落。日本经验显示，出生人口和新建住宅呈显著正向相关，出生人口总量的增长意味着"平均代际间隔时间"后住房需求的增加，反之则住房需求下滑[1]。中国遵循相似的规律，80 后对应的是新中国第三个人口高峰，该群体推动 2000 年之后的十年间，商品住宅新开工总量高速增长。而 1990 年代以后，中国新出生人口逐年回落，虽然近年来先后放开二孩、三孩政策，但依然难以扭转新出生人口的下降趋势，根据国际经验推算， 2010 年起，中国商品住宅需求将进入总量停滞甚至逐步回落的发展阶段。

城镇化进程放缓，进城购房需求减弱。国际经验显示，当城镇化率达到 70% 后（进入城镇化后期阶段），城镇化速度将会放缓[2]。截至 2021 年底，中国城镇化率为 64.72%，按照过去 10 年年均增加 1.4 个百分点推算，预计 2025 年之后即将进入城镇化后期阶段，届时进城人口增长放缓，带动住房需求逐步减弱。

近年来中国城镇人口增量的变化同样显示该进程放缓。2011 年新增城镇人口 2949 万人（可能有就地城镇化等因素，导致数据被高估），达到改革开放后的峰值，随后每年新增城镇人口震荡下行，截至 2021 年底，新增城镇人口仅 1205 万，甚至低于 2011 年增长高峰人口绝对量的一半水平。

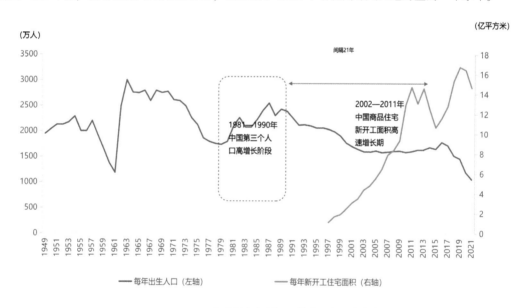

1949 – 2020 年中国每年新开工住宅面积、出生人口

（资料来源：wind、统计局）

---

[1] 1949 年至 1973 年为日本出生人口平缓下滑并触底回升的阶段，对应 1970 年至 1995 年为日本新建住宅数量的平稳或停滞阶段。1973 年后，日本出生人口进入逐年回落的长久下滑期，而新建住宅也在 1995 年之后进入持续下降的阶段。

[2] 1979 年美国地理学家诺瑟姆将不同国家城镇化进程的规律概况为一条被拉平的"S 型曲线"。城镇化发展可以划分为三个阶段 ① 城镇化初期阶段（小于 30%）；②城镇化中期阶段 30%—70%；③ 城镇化后期阶段（大于 70%）。

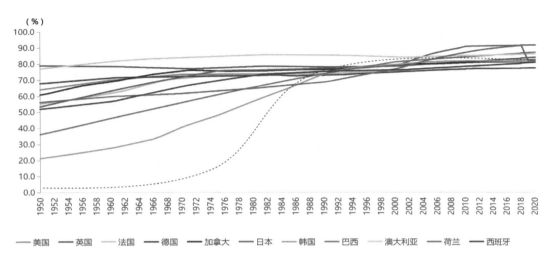

不同国家城镇化发展速度示意图

（资料来源：wind）

房地产行业面临的增长瓶颈，主要受制于新增住房需求的趋势性下降。与此同时，以往行业发展模式中存在的潜在风险也逐步显现，并成为中央防范风险的主要方向，戴着"枷锁"前行将是行业发展的新常态。金融监管趋严，限制房企高负债发展。房地产行业本身金融属性较强，尤其在货币宽松阶段叠加市场上行预期，房企普遍增加资金杠杆率、举债扩张。从 2017 年起，全国普遍开启三四线城市"去库存"进程，叠加相对宽松的政策环境，以规模化、快周转为主要特征的房企迅速扩张。从指标看，房企年度拿地建面远大于市场销售量，尤其在三四线城市棚改叫停后，市场内生性需求远无法消化住房的潜在供应，最终形成了从"去库存"到"累积库存"的尴尬局面。

"去库存"效果相悖于政策制定的初衷，使得主管部门意识到，如不限制房企使用杠杆野蛮增长，一旦面临市场下行，势必引发系统性金融风险。从 2018 年起，国家开始逐步收紧房企融资渠道，先后发布"资管新规""三道红线""五档分类"等政策限制房企高负债增长，旨在降低房地产业杠杆率。

政府限房价而推涨地价，企业利润承压。 1998 年我国正式实行土地有偿使用制度，土地出让金逐渐成为地方财税的主要来源之一，截至 2021 年底，占地方财政的比例达到 42.46%（未计算央地分成）。然而，中长期来看，行业面临需求走弱的长期趋势，并将最终传导至房企投资拿地的意愿；另一方面，财政支出每年刚性增长，在未找到其他财税来源替代土地财政之前，势必倒逼地价上涨来确保财政收入的规模，以弥补财政支出缺口。

从商业运行的常规逻辑来看，成本上涨将推升最终产品售价。在地价的"涨"与房价的"不涨"之间，企业利润被挤压，高价地不赚钱的案例屡次出现。

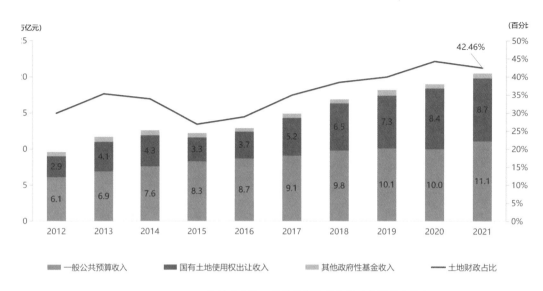

2012 － 2021 年地方本级一般公共预算收入及政府性基金收入

（资料来源：wind、统计局）

居民部门杠杆率上升过快，政策调整幅度颇具起伏。2015 至 2018 年，全国不同能级城市的地价和房价轮动上涨，居民部门购房成本增加，整体杠杆率迅速提升，而各级政府通过房地产工具收回财税，本质上是将政府部门的杠杆转嫁给居民部门，实现政府杠杆率的整体稳定。在经历了疫情三年的洗礼，房地产市场的起起伏伏之后，国家政策已经在 2022 年底逐渐清晰，房地产企业筑底之势日渐明朗。

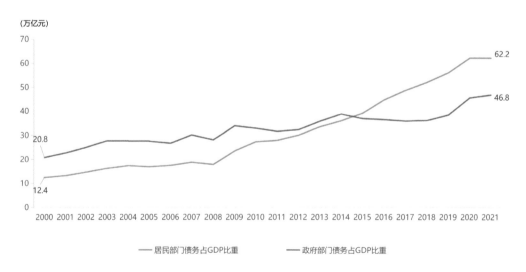

2000 － 2021 年政府部门、居民部门杠杆率

（资料来源：wind、统计局）

银行业金融机构房地产贷款集中度管理制度

银行业金融机构分档类型	房地产贷款占比上限	个人住房贷款占比上限
第一档：中资大型银行		
中国工商银行、中国建设银行、中国农业银行、中国银行、国家开发银行、交通银行、中国邮政储蓄银行		32.50%
第二档：中资中型银行		
招商银行、农业发展银行、浦发银行、中信银行、兴业银行、中国民生银行、中国光大银行、华夏银行、进出口银行、广发银行、平安银行、北京银行、上海银行、江苏银行、恒丰银行、浙商银行、渤海银行		20%
第三档：中资小型银行和非县域农合机构1		
城市商业银行2、民营银行、大中城市和城区农合机构		17.50%
第四档：县域农合机构		
县域农合机构		12.50%
第五档：村镇银行		
村镇银行		7.50%

注：1. 农合机构包括 农村商业银行、农村合作银行、农村信用合作社。2. 不包括第二档中的城市商业银行。

信贷、债券、股权三箭齐发，短期仍面临较大资金压力。2022 年 11 月 8 日，中国银行间市场交易协会发文表示可支持民营企业债券融资约 2500 亿元。随之，11 月 12 日，央行和银保监会联合发布了《关于做好当前金融支持房地产市场平稳健康发展工作的通知》（"金融 16 条"），支持房企经营性融资和"保交楼"专项融资。此后，11 月 28 日，证监会发布了"股权融资优化 5 条新政"，助力房企打通股权融资渠道。至此，地产行业在信贷、债券、股权融资方面的政策均得到放松，然而资金压力短期内仍然是悬在房企头顶的达摩克利斯之剑。受制于市场整体需求和购买力不足，只有耐心等待预期修复、需求端改善，市场筑底回升、销售回款得到保障，才能让企业真正走出困境。

二、逆周期调节传导路径

2003 年国务院发文，明确"房地产业关联度高，带动力强，已经成为国民经济的支柱产业"。2003 至 2021 年，中国房地产业增加值从 6157 亿元增长至 77561 亿元，占 GDP 比例从 4.5% 提升至 6.8%，经济支柱产业的地位更加明显。

更进一步来看，如果在核算房地产业增加值时，考虑房价上涨、自有住房服务增值情况[1]，中国房地产业对 GDP 的贡献率的真实水平已超过 12%[2]，与美国、日本等发达国家市场相当[3]。未来中国房地产业增加值占 GDP 比例仍将维持在较高的水平，实际房地产行业对经济的支撑作用更突出

---

[1] 国家统计局在核算房地产业增加值时，对我国目前自有住房服务增加值采用按照城镇房屋建筑成本的 2%、农村房屋建筑成本的 3% 折旧估算该值，而忽视近年来房价大涨、自有住房服务增加值被低估的情况。

[2] 《房地产与中国经济》，盛松成、宋红卫，2020，中信出版集团。

[3] 美国经济分析局公布数据，2000—2020 年间，美国房地产业增加值占 GDP 比重在 12 至 13.4% 之间波动；日本内阁府公布数据，2000—2019 年间，日本房地产业增加值占 GDP 比重在 10.8% 至 12.6% 之间波动。

逆周期调节工具的作用逐步削弱。当经济下行压力较大时，政策通过房地产工具稳定经济增长[1]。其中，房地产的工具作用主要体现在三个方面：①政府普遍以土地做背书，发行债务支撑财政扩张；②财政扩张投向基础设施建设、稳定经济发展，而居住配套改善将抬升房价；③房价上涨推动购房需求入市，向上游传导增加对土地的需求，实现闭环。这套运作模式的根本是将政府杠杆通过房地产工具转嫁给居民部门。随着居民债务水平提升、叠加"黑铁时代"购房需求转弱，房地产业逆周期调节工具的效果也将逐步减弱，而过高的债务水平挤压居民正常消费潜力，不利于经济长期稳定发展。

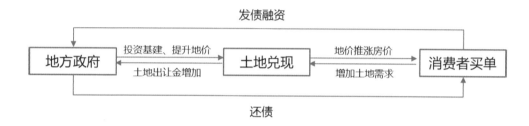

房地产实现逆周期调节的传导过程

房地产业是应对外部冲击的重要调控工具。2022年全球发展的不确定性增强，作为主要避险国家，美国加快收割全球资本的节奏。对中国而言，一旦国内资本大量出逃，外汇储备快速消耗则可能面临全国性金融危机（如1982年拉美危机、1998年亚洲金融危机就是外汇储备快速消耗引发的恶果）。

相似的处境在2014年曾有过预演，并通过启动房地产市场留住国内热钱，避免了外汇储备的持续快速流出。同时通过房地产工具加快国内信贷规模增长，达到投放货币、避免外汇流出造成基础货币供应紧缩的效果。未来如果面临相似的处境，仍将启用房地产市场，锁定国内热钱、稳定货币供应，通过宽货币、紧信用的方式加强对房地产行业的预期管理，更好地使用房地产调控工具。

"稳房价"防范结构性过热。2014年起，由于全国性房价快速上涨，中国城镇居民的收入房价比波动回落，反映房价上涨时，居民实际支付能力下滑，房地产风险不断积累。虽然近年来房价上涨同步推动居民财富增长，但同样透支购房者的消费需求，同时迫使潜在购房群体减少消费、转向储蓄。

另一方面，房价上涨会带动房租上涨，增加租户住房成本，也会转嫁给企业，增加企业的用工成本和租用场地的租金。2021年3月，《中华人民共和国国民经济和社会发展第十四个五年规划和2035年远景目标纲要》中明确提出"实施房地产市场平稳健康发展长效机制，促进房地产与实体经济均衡发展"。要实现"房地产与实体经济均衡发展"必须控制房价涨幅，避免房价上涨对实体经济的挤出效应。

---

[1] 以2008、2015、2020年为例，2008年美国次贷危机席卷全球，中央启动4万亿投资计划、连续降准降息，2009年房地产市场迅速升温拉动经济增长；2015年经济下行压力加大，开启房地产去库存；2020年中国面临疫情冲击，3月份在疫情控制后，各地政府同样阶段性地出台房企纾困政策，稳定房地产市场。

"稳地价"确保土地财政基本盘。对地方政府而言，每年的财政支出是刚性上涨的，而土地出让金则是重要的财税来源。根据财政部公布数据，2021 年，全国土地使用权出让收入 8.71 万亿元，占全国政府性基金预算收入的 88.8%，占全部财政收入的 28.96%。一旦房地产市场陷入萧条，地价下跌或者土地大量流拍，造成土地出让金减少、财政缺口扩大，将无法保障经济发展及民生支出。另一方面，土地也是重要的融资抵押品，一旦地价下跌，地方政府融资难度加大，前期抵押品价值下降并增加债务压力。对地方政府而言，稳定健康的房地产市场才能提供持续的财税来源，而维持土地价格的刚性上涨、托底房地产市场需求总量，才能获取足够的土地出让收入、实现更好的发展。

"稳预期"防范市场全面下跌。国际上因房地产泡沫破裂引发金融危机的案例并不少见，不仅有美国次贷危机引发的全球性金融危机，还有日本房地产泡沫破裂引发的经济长期停滞。当前我国社会发展背景，与日本房地产泡沫破裂时期有一定的相似性，新出生人口持续减少且城镇化率均达到较高的水平[1]。一旦面临房价快速上涨与泡沫破裂，极有可能造成行业一蹶不振，并拖累经济增长。

2021 年下半年起，全国房地产市场下行压力加大，众多缺乏需求支撑的低能级城市，在棚改退潮后市场持续调整，2022 年上半年面临疫情冲击，市场需求进一步转弱、房价下跌风险加大。与此同时，众多低能级城市政府执行"限跌令"，要求"明确新建商品住宅销售价格不得低于备案价格的85%"，甚至部分城市针对特定人群提供购房补贴，鼓励市场需求释放来纾解房价下跌压力。

房地产依然是国民经济的支柱行业之一，未来调控的目标是维持房地产行业长期健康发展，稳房价、稳地价、稳预期将成为指导行业发展的准则。

三、培养跨周期发展的能力

2021 年下半年起，行业外部环境的变化，也使得过去高负债、快周转模式带来的潜在风险逐渐暴露。在上一轮市场上行周期，"快周转"模式确实催生了一批成长型房企，然而该模式的核心是提高资金使用效率、加快规模扩张，弱化产品打磨和单项目利润水平。此外，"高杠杆"需要持续而稳定的收入做支撑，部分企业因资金周转困难而暴露问题，并引发供应商挤兑和资本市场对行业的信任危机，加大市场调整压力。

在当前行业变革期，稳固经营基本盘、明晰行业趋势、培养跨周期发展的能力是企业穿越当前困境、迎接长远挑战的根本。在房地产"黑铁时代"，我国房企将会依托各自优势呈现百花齐放的竞争格局，未来五类发展模式值得借鉴。

片区开发的跨周期运营模式帮助企业穿越行业周期波动。如在一个项目中融合商业、办公、酒店、文化 IP、长租公寓，乃至医院等多重业态。在项目开发运营中以住宅开发滚动现金流，而培育出的生产生活多重业态共同提升项目整体价值，反过来促进住宅销售，多重业态间互通互补，因共营而共赢。在这一模式中，单一项目总体量大、涉及业态丰富，既需要企业有足够资金支撑项目初期的开发需求，又需要有对多重业态的产业整合能力、运营能力，持续提升项目综合价值。此外，片区开发型项目体量大、周期长，开发中会经历市场上下行周期波动，需要精准研判行业趋势，根据市场形势变化合理调整项目开发及销售节奏，通过长周期运营熨平短期市场波动对企业营收的影响。

---

[1] 日本统计局公布数据，1985 年日本城市化率为 76.74%，进入城镇化后期阶段。

深耕核心经济圈，打造区域竞争优势。以滨江集团为例，布局聚焦大本营浙江[1]，2019 至 2021 年，滨江在杭州的市占率从 14.8% 提升至 17.3%，而单城市销售规模从 402 亿元增长至 949 亿元，通过深耕核心经济圈的方式，汲取区域发展红利。从运营角度看，房企充分进行区域深耕，自身财务稳健，有效打通从拿地到开发销售的各个环节，提高运营效率，在杭州，滨江一般可以实现拿地后 4 个月开盘。另一方面，做熟区域也帮助房企精准洞察客户需求，通过长期经营打造口碑，积累客户数字化资源，实现降本增效。对比万科、保利、中海、华润、龙湖、招商等重点布局高能级城市的头部企业与滨江的销售费率，2021 年滨江销售费率仅 1.88%，远低于万科、保利等头部企业，仅略高于中海[2]。

以项目利润为导向，做财务稳健、投资灵活的"小而美"房企。与"高周转"模式相反，以项目利润为导向，适度降低周转速度，降低负债率的"慢周转"模式也是种探索的方向。在未来的行业竞争格局中，"慢周转"模式具有四大优势：①在"慢周转"模式下，房企稳健发展，减少盲目扩张对企业自身资源的浪费与内耗；②项目以利润为导向，在合适的时机拿地，增加投资的安全边际、同时减少市场形势误判带来的潜在损失；③项目开发速度放缓，有更多时间打磨产品、做好服务，提升口碑与品质，形成城市局部的竞争优势及溢价能力；④降低企业负债率，减少财务成本、提升项目利润率，同时保证企业稳健经营，穿越市场波动。

发挥企业优势，实现地产与实体产业均衡发展。房地产行业的"黄金""白银"时代吸引众多实体企业跨界发展地产板块业务，同时房企也持续进行多元化尝试，发挥企业资源优势、实现地产与实体产业均衡发展将成为房企的另一条选择。目前来看，房企走得比较成功的模式包括绿城进入代建领域，2021 年管理项目 345 个，龙湖发展商业运营、租赁及物业服务，年营业收入达 188 亿元，每年贡献超百亿元的现金流入。跨界发展地产业务的实体企业中，如格力、美的、新希望、雅戈尔等企业，能够实现"非地产"业务反哺和支撑地产业务，通过实体产业弥补房地产板块的现金流，而房地产业务也为"非地产"业务的闲置资金提供更好的投资渠道。

股权融资模式将有更广阔发展空间。"三道红线""贷款集中度管理"等政策的目标是放缓行业周转速度、降低企业杠杆率。行业高负债的原因除了追求规模快速扩张的战略外，更主要的是受到间接融资模式的影响，股权融资类的直接融资是降低杠杆的有效途径。在这个过程中，我国基金投资会有三个改变：第一、债权型向股权型转变；第二、投资者的角色向股东的角色转换，背后提出更高的能力禀赋要求；第三、退出方式改变。借鉴美国房地产发展经验，从传统地产的"拿地—找钱—开发"模式，向"募集权益资金—开发、收购与管理—权益分红"转变将是一个重要的发展方向。

四、房企进入精细化经营的微利时代

2022 年，百强房企大规模业绩负增长的背景下，仍有部分房企表现出较强的抗周期韧性，走出一条增长与稳定并行的"新路"，值得很多房企学习。这些表现优异的房企，如华润、招商、建发、越秀、华发、中海等国企和滨江、仁恒、瑞安等民企和港资企业，均注重自身销售端的运营管理，通

---

[1] 2021 年年报显示，企业土储 1500 万平米，其中浙江省内土地储备占比超过 92%，杭州单城市占比超过 55%。

[2] 2021 年各房企销售费率：华润（2.9%）、万科（2.8%）、保利（2.6%）、龙湖（2.4%）、招商（2.4%）、滨江（1.88%）、中海（1.6%）。

过智慧营销等方式精细化运营管理，智能化推盘去化，其产品也贴合客户需求，在市场上具有较高的客户认可度。

单位：亿元

企业类型	房企简称	2022年1－12月	累计同比
央国企	华润置地	3013.0	-4.6%
	招商蛇口	2926.3	-10.5%
	建发房产	1703.2	-0.5%
	越秀地产	1260.0	-9.4%
	华发股份	1202.4	-1.4%
民企	滨江集团	1539.3	-9.0%
	仁恒置地	651.1	-13.8%
	瑞安房地产	263.5	-13.0%

部分央国企及优质民企 2022 年业绩表现

（资料来源：CRIC）

房地产行业竞争加剧是不争的事实，利润率进一步承压下滑，倒逼开发企业在发展模式上进行创新，并对内向管理要红利。对比近十年各行业销售净利率，2010 年房地产行业销售净利率为16.6%，在全行业中排名第 2，而 2020 年下降至 9.4%，跌至第 4 位，利润率及排名均明显下滑。

在当前政策导向下，依靠融资杠杆，通过负债驱动企业增长的方式难以为继，以企业能力为基础，放大经营杠杆，提升运营效率成为当下唯一制胜的路径。在开发周期上，市场上优秀的企业从拿地到开盘的时间差别不大，而体现能力差别的是能否通过精细化管理，控制成本费用、提升回款效率，最终提升利润率。

第二节　数智化转型助力企业升级业务模式

在房地产"三费"中，财务费用与房企自身背景及销售规模等关联度高，同等规模及类型的房企差别不大，而管理费、营销费是体现房企能力差别的核心要素。近年来，房企普遍加快数字化建设，建立标准化管理流程体系，数智赋能团队，有效降低管理成本。在营销方面，地产营销科技也逐渐应用到业务场景中，帮助企业积累客户资源、分析客户画像、提升获客效率。

2022 年，行业进入深度调整期，营销的重要性愈发凸显，与此同时，房企则面临加大营销投入势必降低利润，而削减营销支出则无法成交的两难。借力智慧营销工具，精准拓客，高效转化将是房企释放管理红利的重要环节。

一、房地产数智化转型是必然

房地产行业迈向精细化管理时代，新的利润增长点来源于运营管理效力的提升以及营销能力的再构建。而数智化将是斩获红利的必备武器。数字经济将与实体经济深度融合，赋能传统产业转型升级，催生新产业、新业态、新模式，壮大经济发展新引擎，将成为企业的核心竞争力。

房地产，作为一个传统行业，其数智化转型发展是响应国家"十四五"规划的目标的重要方式。然而，地产行业涉及产业链长、部门较多，目前行业整体仅做到了信息化，向数智化迈进仍有许多难点、痛点须解决。

数据系统标准化是房地产行业数智化所面临的首要问题。房地产企业以项目为导向，不同地域、产业、内容的项目之间，指标信息往往不一致，标准、精确的数据系统是打破信息壁垒，解除数据孤岛的必要手段，是后续业财一体化的数据底座。其次，数字化技术平台与业务的融合是房企需要继续研究解决的第二课题。平台与实际业务的结合，需要形成技术指导业务、业务反馈与技术的闭环，从而达到业技一体、业财一体的效用。

最后，随着信息科技、新基建不断发展，为了达成房地产行业平稳健康发展的目标，加快推进房地产数智化转型，增强企业内生动力将是各大房企全新的研究重点。

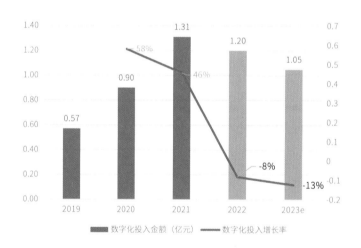

2019—2023 年头部 50 家房企年均数字化投入金额（亿元）

（资料来源：CRIC）

房企数智化转型形势紧迫，这将是房企应外部不确定性的重要工具和武器：宏观上对城市现状、发展格局、产业背景等宏观基本面可以有前瞻性认知，对土地供需、土地价格、商品房供应、成交量价等有明确研究，中观上能明察同类型、同规模企业的战略动态及核心竞争力，微观上促动企业本身快速决策、迅速落地，敏锐洞察政策、市场、行业局面。只有提升房企整体的运营、决策效率，才能做到"大象亦可迅速转身"，爬坡过坎皆能平稳运营。

除了外部环境变化倒逼房企进行数字化转型外，企业内部的经营压力也亟须数字化转型以缓和。

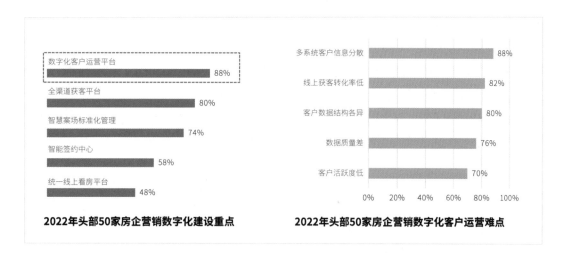

2022年头部50家房企营销数字化建设重点　　**2022年头部50家房企营销数字化客户运营难点**

房地产数智化转型是顺应企业内部自身发展规律。一方面，房企以项目为导向，规模型的企业项目布局于全国乃至国外，对于集团经营管理层而言，快速了解企业自身"家底"，进而制定企业的战略愿景、经营目标是企业经营发展的核心。另一方面，在地产与其他行业的深度融合下，多产业布局已成为房企竞相发力的关键落点，"产业＋地产"也已成为新的风向标。与此同时，房企涉及领域将愈来愈多，包括开发、商业、养老、产业、港口、物流、建筑等等，如何将多维度、多类型、多数量的数据进行有效管理将成为企业发展的新挑战。

外部环境倒逼、内部经营使然，要求企业具备敏锐的洞察力和敏捷的执行力，其关键在于构建企业自身的数字化蓝图，以数字力驱动运营，优化决策效力，打造企业独有的洞察体系。在项目盘点层面，通过"项目动态运营系统"，清晰地了解公司的项目全貌，包括项目年度销售目标、开发节奏、供货计划、推盘节奏、成本测算和户型配比等详细信息。在经营管理层面，可以通盘考虑，全局调度，快速止损，降低企业经营风险。最后，在业务模式层面，通过基层员工实现业务场景的移动化、数据获取的智能化，高层可提升管控能力，达到重构业务模式的战略目标。

二、智慧营销是手段更是重要的战略决策基础

在过去的二十年中，房地产市场始终处于波动上行期，"4321"法则屡试不爽，即一个项目的成功40%取决于地块素质，30%取决于产品力，20%取决于营销策略，剩下10%看市场机会。然而，在市场下行、利润压缩、现金流紧张的"黑铁时代"，传统的开发管理手段并不能有效解决企业最新面临的资源缩减、人员缩编、风险加剧等问题。智慧营销如何发挥功效、链接各职能部门之间合作，在有限的空间内获取利润最大化，这或许是房地产数字化转型的重要方向或者说巨大动因。

那么，智慧营销能解决什么问题呢？

智慧营销间接指导前期拿地和产品设计决策。业务层面，营销作用被前置。房地产数字化转型的首要步骤是信息化，即对可研、设计、建造、营销、物业服务等全链条线上化。针对不同环节的数据

线上化，需要相应的数据中台支撑，包括解决数据智能处理与应用的 AI 平台、解决企业运营全流程管控的 OT 平台及解决客户数据管理的 CDP 平台等。

除了单点线上化之外，有两个维度重点需要注意：

一是精准性：建造环节中线下程序较多，需要通过在线化、实时掌控施工进度、现场勘验数据采集，实现施工建造的精细化管控，提升精准度；

二是综合性和复杂性。如投资拿地环节，需要数字化技术对城市、项目、客户等层面进行多维度分析，借助数据中台汇集各环节采集、储存的数据，完成全链路数据的处理与交互，助力企业形成数据化投资决策体系。

也就是说，数字营销的作用不能简单地作为单一业务环节考虑，其与前期拿地和产品设计环节有着强烈的相互协同、指导作用。传统的地产开发前期环节，以资源整合为导向，定位、设计、财务等配合作用，营销则仅作为定位设计的辅助参与运作。可是如今，地产行业将从 B 端时代进入 C 端时代，"一切以客户为中心"渗透到房地产开发的各个环节。对于开发商而言，只有掌握、了解客户的真实需求，才能真正做到人—房匹配，营销就是那个抓取客户、反馈需求的重要抓手。通过筛选、分析目标客户的偏好，反向支撑前期拿地决策、指导产品户型设计，进而获取产品溢价，实现利润最大化。

智慧营销将直接助力企业实现实质性的降费增效。 企业经营层面，当前房企数字力 排名前十的企业中，超七成企业销售费用率低于行业水平，其中招商蛇口、万科、中海的精细化经营管理效益更

房企数字化建设业务应用领域图

甚，销售费用率约 1.8%~2.5%。进一步的，由于房地产行业采取"预售制"，TOP10 房企的平均实际销售费用率仅约 1.5%。[1] 对于地产行业动辄上万亿的销售规模而言，一个点的费用率降低，所对应的将是几十上百亿费用的减少。

---

[1] 实际销售费用率＝当期销售费用／当前权益销售金额

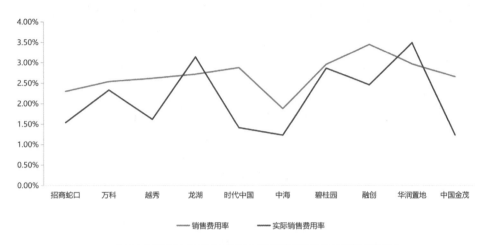

2020 年数字力头部 10 家房企销售费用率与实际销售费用率

（资料来源：房企年报及同策研究院）

在与同行业企业的横向比较中就可看出，企业数字化能力更强的企业，其经营管理效益明显更甚，智慧营销对实质性降费的运营费控贡献越大。**此外，智慧营销还将助力房企减少渠道费用占比，增效助产**。房企或自建、或投资、或购买第三方智慧营销平台，打造自有"私域流量池"，这比通过第三方渠道平台获客等传统方式，减少渠道费用占比，逐渐实现"去中间化"，进而达到精准营销、提升管理、减少费用的效果。从员工层面来看，智慧营销可通过后台管理系统，实时掌握项目信息，随时更新销售目标，及时反馈客户动向，提高员工人效。从客户层面来看，部分头部房企已通过云平台，打通全国项目信息，客户可通过平台完成看房、选房、买房各个环节，直接有效对接，实现足不出户一站式云买房。从管理层面看，智慧营销能够实现项目动态反馈，便于管理者调整营销策略，还能量化营销的触达力，监测投放情况与转化效率，精确分析指导资源投放，提高项目运营效益。

三、智慧营销发展水平

在全球新冠疫情的影响下，从 2020 年起线下售楼处被迫不断关闭，影响项目销售进度和速度，房企迅速提升线上销售功能的拓展和服务体验的提升。公开数据显示[1]，2020 年房地产数据化市场规模同比增长 10.7%，2021 年仍保持 7.2% 的增长率，达到 100 亿的市场规模。

智能化落地应用明显提升。据克而瑞数据[2]，截至 2022 年底，头部 50 家 房企中完成数字化基建的已接近 9 成，信息化系统则已 100% 覆盖，头部 50 家房企中近五成已完成内部系统贯通，智能化应用在智慧建造、智慧营销等领域开始落地并初见成效。例如，智慧营销平台通过 AI 技术管理和跟进客户，赋能一营销人员。

---

[1]　数据来源：《中国房地产数据化转型研究报告》—艾瑞咨询

　　注释：中国房地产数字化市场规模，包含房地产企业在经营管理及场景应用类核心数字化软件产品的投入，不包含基础网络层以及硬件的投入，不包含头部房企自主研发投入

[2]　数据来源：《2022 不动产数字化转型发展报告》

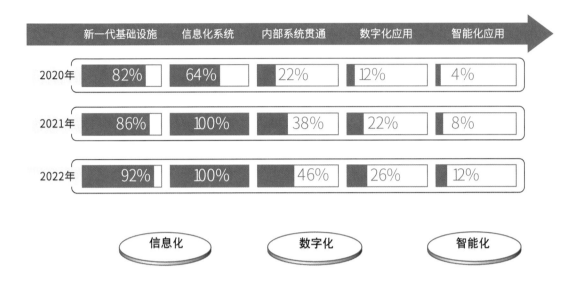

2020—2022 年头部 50 家房企数字化转型各阶段覆盖情况

数据治理愈发重要。从头部 50 家房企看，数据治理重视度大大提升，2022 年同比覆盖率增长了 26%，过半数的头部 50 家房企已经成立了专职数据治理团队。其中，一线业务人员在数据治理团队中人数平均高达 34%。在数据治理工作中，一线业务人员从数据准确度、及时性、业务流程梳理等多方面推动数据治理，更贴切地赋能一线业务运营。目前，头部房企在主数据、数据集成、数据开发、标准建设模块初见成效，但是数据质量、数据资产等模块建设依然有大幅的提升空间。既懂业务又懂数据的复合型数据治理人才的缺失，严重制约了房企数据治理能力快速提升。在业务领域引入成熟的智慧营销服务商，并进行深入合作，共建共创，是快速发展数据治理的方式之一。

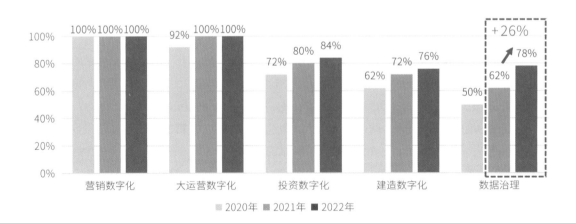

2020—2022 年头部 50 家房企场景覆盖比例

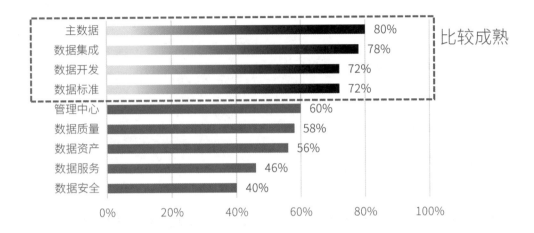

2022 年头部 50 家房企数据治理模块平均成熟度

排名前五十的房企已全部开始实践了智慧营销。截至 2022 年底，超八成的头部 50 家房企已完成智慧营销客户运营平台和全渠道获客平台，数字楼盘和渠道管理应用将成为房企智慧营销"标配"。从房企智慧营销发展水平看，目前走在行业前沿的有万科、碧桂园、龙湖、招商等，线上成交量已逐渐成规模。从智慧营销的效果看，一线城市线上自有渠道建设效果更显著，非一线城市效果不理想，面临着线下洗客、公域渠道流量有限、智慧营销触点少等难点。

提升客户服务力成为房企数字化战略首要目标。在 2022 年遭受巨大压力的同时，不少房企及时调整了数字化战略目标，"提升客户服务力"超越"降本增效"成为其数字化战略的首要目标。如何在销售端通过数字化能力的落地和运作提高销售能力和客户服务能力，成为当下及未来两年内数字化核心战略目标，与之并行的还有提升内部运营效率，实现降本增效。

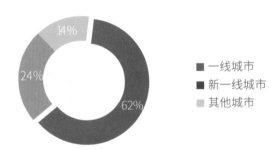

■ 一线城市	
■ 新一线城市	
■ 其他城市	

保利云和+全国直营购房平台
- 2022 年线上自然渠道成交近 100 亿元
- 节省渠道费用超 2 亿元

中海幸福家智慧营销运营平台
- 单项目沉淀私域流量客户 160 万以上
- 开展线上活动 2600 多场，获客 56.9 万组
- 节省线下活动费用数千万

建业数智化营销服务平台
- 员工工作效率提升 20%
- 线上服务客户活跃度增长 70%
- 疫情期间，数字营销线上成交金额占同期认购金额的 25%

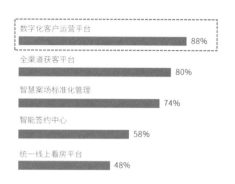

2022年头部50家房企营销数字化建设重点

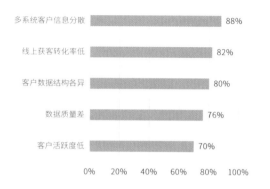

2022年头部50家房企营销数字化客户运营难点

第三节 数智化助力房企营销增效正当其时

在数字化流程中，传统的营销方式核心目的是促进转化成交，因此仅走到认购签约流程，仅兑现了直接价值。而智慧营销不仅是为了成交，更是为了发挥客户的圈层价值和长期价值。围绕初始触达客户信息，再到私域流量转化，然后沉淀客户数字资产，管理客户，为后期的服务运营养客奠定基础。客户，不仅是重要的数字资产，销售对象，更是企业重要的战略资源，实现高价值持续输出。

未来，智慧营销将向 4.0 阶段进阶，将更加注重客户的精准需求，围绕客户展开"泛社会化"的营销，以点带面，从单点意向型营销拓展至全民自发型的"圈层营销"，形成全民营销。

一、数智化背景下营销底层逻辑发生质的转变

无论是传统的漏斗式营销模式还是现行的智慧营销模式，本质相同，即围绕客户而展开的一系列营销动作。当前，人类正在经历新一轮的信息科技革命，伴随数字媒体时代的来临，人们的生活方式和消费习惯也发生转变，在房地产领域也呈现了体验、升级的需求。智慧营销既是社会科技发展的产物，更是回归商业本质，即持续不断地满足客户变化的需求，是贴近客户需求变化的必然选择。

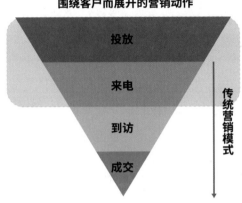

传统营销模式重点在于前期围绕客户展开的广告投放、电联、AI（人工智能）外呼等一系列营销动作，营销形态经历无目的性、粗放式的传单海报营销、地推营销、电话营销、传统网站传播等转变，归根结底是打广告、做活动、搞促销三板斧，属于广撒网式、粗放式的营销模式。对于客户，购房前的同质化营销无法根据项目特质，精准定位到潜在客户；购房过程中的无差异化服务，也无法切实了解客户的需求和偏好，以至于在成交后不能对客户价值进行进一步深挖，以持续追踪服务需求，因此也不能达成二次运营、二次转换的效用。

现阶段的智慧营销在运作流程、交互方式以及核心目的、战略深度等层面的底层逻辑发生质的裂变。首先，在营销方式上，智慧营销以数字化赋能，运用直播、平台、微信公众号、小程序等更贴近日常使用习惯的方式触达客户；其次，交互方式的变化带来了多层次的效果。通过企业微信，业务员与客户之间可发生精确、高频的互动，对客户、企业双方均产生积极效用。客户层面，增加了客户对于企业背书的信用感；企业层面，获取了留存于公司内部的客户数据资产，便于管理客户、沉淀资产。

未来，智慧营销将向 4.0 阶段进阶，将更加注重客户的精准需求，围绕客户展开"泛社会化"的营销，以点带面，从单点意向型营销拓展至全民自发型的"圈层营销"，形成全民营销。

二、全链路营销将成为房企智慧营销的必经之路

大型、头部房企看重综合能力的建设，依托数字化演变为全链路营销，打穿前端（客户的公域获取并接入私域流量，为中台运营提供资源）、中台（对客户精细划分、形成画像并进行客户运营）、后端（物业平台管理助力房企获客）。

前端"获客"——新流量成为智慧营销的首要抓手。获客和转化是连接客户信息的关键两端。获客是智慧营销的前端动作，通过内容投放和线上拓客进行导流。随着短视频、直播等创新传播方式的发展，"新流量"已成为房企营销的必备选项，线上资源的开拓，把握客户向线上转移的契机，是房地产行业智慧营销的新端口。流量获取的方式、渠道主要来自公域和私域两个部分。

公域流量为"流量到留量"的转化奠定基础。一方面房企通过线上直播，将流量导入企业官方直播账号[1]，筛选潜在客户转移到自己的卖房平台、小程序，成为注册用户，进而完成公域流量向私域流量的转化；另一方面，房企通过线上直播直接引流，将客户引导至线下楼盘，直播中通过登记享优惠，订金预约看房获取客户信息，直播后对信息获取，提高成交概率，形成流量拓客到成交的二次转化。

私域流量则通过自建数字化平台，形成线上获客、营销到线上成交的闭环。私域流量覆盖了售前、售中到售后的全流程，整合了找房、看房、选房、购房等各个业务模块。

---

[1] 企业官方直播账号，如集团号或者目标销售区域公司营销公众号

地产集团智慧营销全链路模型

客户旅程： 了解 ▶ 咨询 ▶ 到访 ▶ 决策 ▶ 交易 ▶ 支付 ▶ 物业&商业

业务场景：
- 获客引流
- 案场管理
- 跟客 / 客户运营
- 售后支付 / 业主服务
- 商业运营 / 商业服务

前端支撑：

公域投放	私域获客	线下获客	全民营销2.0	在线售楼	案场管理	管客	跟客	客户运营	售后支付	商业运营
腾讯广告	内容营销	异业合作	经纪人认证	品牌展厅	自渠拓客	智能工牌	欢迎语	客户分级	交房预约	会员权益
抖音营销	活动营销	自渠拓客	商机报备	项目展示	移动报备	AI带客	智能应答	智能群发	项目家书	商城活动
安居客	权益裂变	智能活码	发展下线	优惠活动	渠道判客	人脸识别	客户画像	百宝箱	报事报修	线上商城
其他平台	线索回收	商超巡展	经纪人盘活	在线咨询	客户跟进	门岗接待	企微客服	舆情监管	物业活动	……

中后台支撑：

- **自动化流程中心：** 标签管理、画像管理、模板管理、流程管理、触发管理、事件管理、看板管理
- **客户数据平台CDP：** One ID统一判客、全景标签、静态人群圈分、动态人群圈分、自动化营销、行为洞察、转化洞察
- **后端服务管理平台：** ERP系统、商业管理系统、物业系统、大会员系统、财务系统

体系支撑：

- **指标体系：** 内容运营效果评估、营销活动ROI、营销费用占比、销售费用比率、去化速度管控、满意度管理
- **风控体系：** 防薅风控、直销分销占比、流量投放ROI、客资风控、敏感词风控、情绪监控
- **保障体系：** 运营体系、组织体系、标签体系

目前应用最广泛的私域流量来自微信朋友圈、企业微信、微信公众号、抖音等，但也有部分头部房企自建数字化平台，进行线上营销。

中端"管客"——CRM 系统的建立，是企业业务战略和发展目标的要求。"管客"就是对客户进行管理，随着地产数字化的发展，客户信息记录与分析已不是简单的统计集合，而是将每个环节的客户信息紧密结合、环环相扣，客户管理方面的数字化方式集成于 CRM 系统。

为房企量身定制的 CRM 管理信息系统，可以辅助房地产企业建立以客户价值为核心的管理流程，提升房地产企业在市场营销、楼盘经营销售和客户服务方面综合能力，从而达到促进营销效率，提高服务质量，降低项目成本的目的。

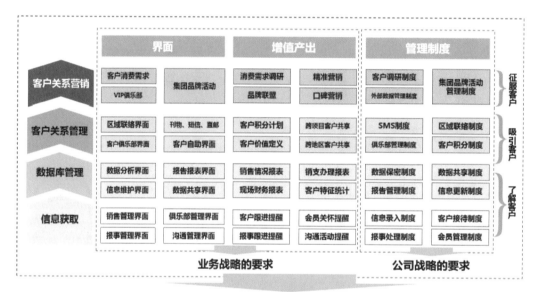

典型房企 CRM 体系图

典型房企的 CRM 系统秉承一切从客户角度出发的核心宗旨。业务层面，通过分析特定目标客群的需求、精准掌握客户的敏感点，进而围绕客户的最佳体验来设计产品和服务以实现溢价；公司战略层面，以客户信息为基石，一方面，通过更好地理解市场及用户，完善客户管理制度，快速响应业务需求；另一方面，有效研判未来市场趋势，制定相适应的企业战略方针，实现业务创新；最终，通过 CRM 系统的建设，提高企业销售金额，实现公司利润最大化的发展目标。

后端"养客"——服务运营，积累数字化客户资产，挖掘客户长期价值。对于成交客户，传统营销模式止步于此，而智慧营销模式则继续延展至"客带客""老带新""老线索激活"，甚至通过科技赋能物业管理、打造物业型社区 O2O 平台，服务于长期 / 稳定的客户，利用数字化做好"二次运营"，充分挖掘客户的长期价值。

物业型社区 O2O 商业模式的价值点在于物业服务的效率、社区客户黏性以及商家平台的订单及转化，一切根本在服务。因此，社区 O2O 并不是商业手段，而是针对客户消费升级以及 AIOT 技术的应用，是对物业服务宽度、广度以及深度的迭代升级。在做好物业工具流量入口、价值入口的基础上，融合商业平台的商业价值，最终形成智慧社区生态系统。

此外，智慧营销还助力企业充分发挥物业管理价值，目前已有不少头部房企已将物业拆分上市。物业管理已成为各大房企数字化手段中运营类最高的环节，大多数房企均已纷纷建立了自己的物业管理 App，头部企业更是将物业模块单独拆分上市，发展物业管理业务。科技赋能物业管理，提升物业管理水平、效率，增加业主服务满意度，进而维护企业品牌、口碑，也为后续客户的圈层价值释放带来积极影响，是房企提高自身竞争力的左膀右臂。

新一代信息技术的发展，为智慧营销提供坚实的技术底座，公域、私域流量的导入是智慧营销发展的夯实地基。当前，房地产行业已经由"圈地"时代走向"圈粉"时代，其底层逻辑的根本在于客户，其核心、内在的驱动因素则是运营。

如何更加精准抓住客户的需求，有效实现流量到成交的转化？如何挖掘客户的圈层价值？如何持续迭代智慧营销生态体系？

第二章，将深入讨论房企营销在数智化时代的迭代和发展的过程，并提炼出成功的要素，旨在通过方法理论的分析讨论，帮助理解智慧营销在成功案例中的角色和应用。

第二章
智慧营销的理论、内涵及技术根基

数智化时代，营销在媒介环境和受众触达媒介的习惯等方面发生了更大的变革。传统媒体的传播作用在不断弱化，新兴的媒介在不断地发展，从而导致传播的效果、形式等都发生了重大改变。营销改革主要以数字技术为核心、数字媒介为载体，各大行业也迎来新的挑战和机遇。

面对这种挑战，业界提出了"智慧营销"的新思路，全面接纳新媒体和新的数字技术，通过这种新手段重新定义营销，实现营销主体、营销客体、数字化广告信息、数字营销媒体等多个方面的有机融合，打破线上和线下物理隔阂与时空的限制，推动"媒介"与"内容"的融合，从而实现更为有效的精准营销和传播。

营销理论随时代发展而不断演变，本章基于主流的营销理论，探究地产行业营销新范式。不断探索和总结智慧营销创新实践案例，搭建以客户为中心的营销体系，并从营销的核心业务，梳理智慧营销必备的 Martech 技术栈。

第一节　营销理论与地产行业营销新范式

数智化改变了营销理论，数字技术在现代商业环境中已变得无处不在，促使传统营销不断向数字营销转变。客户连接和社交媒体不断发展，客户交互的类型和模式不断变化，营销理论已经过几次时代性的变革。

主流的营销理论有：4P 理论、4C 理论、4R 理论和 4D 理论。

营销理论不断演变的过程中，客户从单向的"产品需求对象"转变为今天的"丰富的人"，人成为企业的数字化资产。可以说，未来的营销是以客户为中心的营销，客户的主体性价值日益凸显。

一、营销理论概述

1. 4P 营销理论——产品驱动

4P 营销理论（The Marketing Theory of 4P）最早出现在 20 世纪 60 年代，于市场营销组合理论中被提出。1960 年，杰罗姆·麦卡锡（McCarthy EJ）教授在《基础营销》（*Basic Marketing*）一书中首次总结归纳出企业营销的四个基本要素，即产品（product）、价格（price）、渠道（place）、促销（promotion）[1]，形成 4P 营销理论。这一理论逐渐得到完善，并被广泛运用于学界和业界。

1967 年，被誉为"现代营销学之父"的菲利普·科特勒在《营销管理：分析、规划与控制》一书中进一步定义了 4P 营销理论的内涵。产品（Product），拥有具有竞争力的差异化产品是企业营销的第一要素，企业首要重视的是产品的功能开发，发现产品的独特价值。价格（Price），根据产品的品牌战略，制定不同的价格策略，注重品牌的影响力。渠道（Place），企业在销售上通过经销商与消费者建立联系，重视与经销商的合作，不仅能拓宽企业的销售渠道，还能形成独特的渠道优势。促销（Promotion），企业通过折扣销售、捆绑销售等促销行为吸引消费者提前消费来促进销售业绩的增长。菲利普·科特勒 4P 营销理论的核心是"产品"。

2. 4C 营销理论——需求驱动

20 世纪 90 年代，互联网的出现加速了企业间竞争，企业研发的新产品在投入市场后很快被同质产品所替代，导致产品滞销，以产品驱动为核心的 4P 营销理论不断被挑战。这时企业意识到需要关心消费者需要什么，而不是自己想卖什么，只有符合消费者需求才能赢得市场。对此，1990 年美国学者罗伯特·劳特朋（Robert Lauterborn）教授提出了以消费者需求驱动的 4C 理论。

4C 营销理论由 4P 营销理论转变而来，由产品思维转变为消费者思维。所谓 4C，即 Customer（客户）、Cost（成本）、Convenience（便利）、Communication（沟通），与 4P 营销理论策略一一对应，这些策略均以考虑如何满足消费者需求为中心。

---

[1] McCarthy, Edmund Jerome, Stanley J. Shapiro, and William D. Perreault. Basic marketing. Ontario, CA, USA: Irwin—Dorsey, 1979.

Customer（客户），主要指客户的需求。企业必须从产品思维转变为客户思维，首先了解客户需要什么，再根据目标客户的需求提供相应的产品和服务，从而产生客户价值。

Cost（成本），包括企业的生产成本和客户的购买成本。随着经济快速发展，市场上的竞争企业和同质产品会不断增加，这时产品的生产成本需要根据客户需求层级不同，制定不同成本的产品和服务。

Convenience（便利），是为消费者提供最大的便利，包括售前、售后等各项服务。企业应优先考虑让客户在购买的过程中充分享受到便捷，保证产品质量的同时，考虑客户的便利性，注重客户的体验感受。

Communication（沟通），促销推广是单向的，企业应该与客户建立双向、有效的沟通，在产品设计中有选择性地采纳客户的优质意见，寻求与客户共创共赢的方式，使客户更好地理解产品、理解企业，从而塑造品牌在客户心中的定位。

3. 4R 营销理论——客户关系驱动

21 世纪初，互联网迅速发展，企业营销的环境变化翻天覆地。随后，艾略特艾登伯格在《4R 营销》一书中在 4C 营销理论的基础上提出了 4R 营销理论。4R 即 Relevancy（关联）、Reaction（反映）、Relation（关系）、Reward（回报）。4R 营销理论以关系营销为核心，重在建设客户关系，它既从企业的利益出发又兼客户的需求，是一个更为实际、有效的营销制胜术。4R 营销理论认为，随着经济的发展，企业需要改变与客户的关系，建立起稳定的新型互动关系。

Relevancy（关联），是指企业与客户之间建立起长期的、稳定的合作与关联，成为一个价值共同体。Reaction（反应），即市场反应速度，指企业面对多变的市场，如何迅速得到客户的需求反馈并做出反应，并具有快速满足客户需求的商业模式。Relation（关系），指关系营销，企业与客户的关系发生了本质性变化：从一次性交易转向强调建立长期友好合作关系；从着眼于短期利益转向重视长期利益；从客户被动适应企业单一销售转向客户主动参与到生产过程中来；从相互的利益冲突转向共同的和谐发展；从管理营销组合转向管理企业与客户的互动关系。Reward（回报），营销的目的是获得合理的回报，在客户满意的前提下取得企业满意是营销的落脚点。

4R 营销理论依旧以客户为中心，最大的特点是以竞争驱动营销，根据企业与客户的互动模式，主动迎合客户需求，运用优化和系统的思想去整合营销，把企业与客户联系在一起，形成竞争优势。

4. 4D 营销理论——数据驱动

随着人工智能、大数据等新技术应用到营销领域，优秀的营销需实现以用户需求及痛点为核心，基于产品，提供超越预期的体验。4D 营销理论由赵占波在《4D 营销理论与实践》一书中提出，认为数智化时代营销的关键因素为 Demand（需求）、Dynamic（动态）、Deliver（传递）、Data（数据）。4D 营销理论是将人工智能、大数据、物联网、区块链、虚拟现实等新技术融合应用于营销领域的新思维、新理念、新方法和新工具，其本质是用新兴科技的手段提升营销的精准度和转化效率[2]。

---

[2] 赵占波. 智慧营销:4D 营销理论及实践. 电子工业出版社，2020.09

Demand（需求），企业通过大数据和AI等技术收集和整理客户的行为信息，并基于此了解、预测和创造客户的需求。同时企业通过洞察客户的行为特征，引导客户发现和认识自己的需求。Dynamic（动态），企业应改变与客户之间一对一、点对点的静态沟通机制，要借助社交网络转变为多对多、立体化的动态沟通机制。Deliver（传递），通过邀请客户参与、为客户提供激励奖励等方式将产品的各项价值传递给客户，在有效识别客户需求的基础上，开展线上线下全渠道营销。Data（数据），建立私域流量池，利用大数据充分挖掘潜在客户，并将大数据与企业营销业务相结合，以数据分析支撑企业营销决策。

5. 主流营销理论比较

从4P到4C到4R再到4D，代表了不同市场环境下营销理论的演变和发展。其揭开营销的本质是通过创造客户价值实现企业价值，以客户为中心是目前市场环境下企业必须奉行的营销理念。

4P、4C、4R、4D 营销比较

	4P营销组合	4C营销组合	4R营销组合	4D营销组合
营销中心	生产者	消费者	消费者	消费者
营销理念	产品驱动	需求驱动	客户关系驱动	数据驱动
营销模式	推动型	拉动型	供应链	引导型
营销方式	规模营销	差异化营销	整合营销	精准营销
营销目标	满足现实的、具有相同或相近的客户需求并获得目标利润最大化	满足现实和潜在的个性化需求，培养客户忠诚度	适应需求变化，并创造需求，追求各方互惠关系的最大化	洞察、预测并创造需求，提升营销的精准度和转化效率
营销成本	短期低，长期高	短期高，长期低	短期高，长期低	短期高，长期低

二、房地产行业营销范式的时代迁移

房地产行业是全球范围内的一个重要产业，是我国国民经济发展的支柱性产业。随着时代的进步，其营销范式也不断发生变化。以前，房地产行业的营销模式主要是通过房地产广告和房地产展销会等，进行宣传。作为典型的高净值行业，地产营销要想做得好，首先要解决以下几个难点：

（1）价值高、频率低。与其他行业相比，房地产的价格要高得多，而购买频率要低得多。因此地产营销，复购不适用，获客是关键。

（2）决策周期长。由于房地产交易的价格高、风险大，决策者往往需要更长的时间来研究和评估交易。因此，房地产行业的决策周期通常比其他行业的决策周期更长。这意味着销售周期较长，需要高频持续做触达。

（3）产业链条长。房地产行业的产业链条涵盖了从土地开发到房屋建设再到销售的多个环节。

每个环节都有不同的参与者，以及不同的利益和风险。因此，房地产行业需要更多的协调和合作，通过系统追踪、数据分析，确保产业链条的顺利运营。

（4）无交互基础设施。这意味着，房地产行业缺乏一个全面的、易于使用的承接平台，可以帮助决策者快速、准确地评估交易。

随着 AI、大数据等数字技术的普及，地产营销方式逐渐向数智化转变，形成地产营销新范式。

其优势在于，它可以涵盖全球范围内的客户，并且可以通过各种数字工具，如网络广告、社交媒体和数据分析，更精确地针对客户进行营销。此外，它还可以通过提供在线体验和虚拟展厅，帮助客户更好地了解房地产项目。

目前，地产营销已经从 1.0 时代跨向 2.0 时代。营销 1.0 时代是增量市场，通过流量驱动增长，沟通链路单一，营销预算管理粗放，渠道费用占比约 40%，营销模式主要是线上公域投放＋线下渠道。营销 2.0 时代是存量市场，公域流量获客成本剧增，营销模式转变为多形态多通道自主获客，沟通链路上从内容至线索都能够进行数据追踪，实现全链路透明化，预算上也更加精细化管控，追求 ROI（费效比）。

高净值行业营销 1.0 与营销 2.0 的比较

▽ **地产等高净值行业**		**营销1.0**	**营销2.0**
价格高，频度低 复购不适用，获客是关键	时代 特征	流量驱动增长 增量市场	流量见顶 成本剧增 存量市场
决策周期长 需要高频持续做触达	沟通 链路	纯品牌宣传 "黑盒"	从内容至线索 透明化
产业链条长 各类合作方粗暴获利 缺少系统追踪 数据分析	甲方 预算	预算管理粗放 渠道占比~40%	精细化管控 追求ROI
无交互基础设施 缺乏承接的平台	营销 模式	线上公域投放+ 线下渠道	多形态多通道的 自主获客能力

第二节　智慧营销的内涵特点

智慧营销，是指使用先进技术、数据分析和自动化来提高营销效果和效率。主要是以消费者无时无刻的个性化、碎片化需求为中心，满足消费者的动态需求，是建立在智慧互联（移动互联网、物联网、大数据、云计算及 AI）、柔性生产与数据供应链基础上的全新营销模式，将消费者为核心纳入企业生产营销环节，实现全面的商业整合。

智慧营销是以人为中心，移动社交网络为基础，客户价值和主张为核心，内容为依托，营销为本质目的的消费者个性化营销，实现品牌与实效的完美结合，将体验、场景、感知、美学等消费者主观认知建立在文化传承、科技迭代、商业利益等企业生态文明之上，最终整合虚拟与现实的当代创新营销理念与技术，从而实现从潜在客户到购买客户的连接、参与、培育和转化的智慧营销闭环。

一、智慧营销的内涵

IBM 副总裁、大中华区首席营销官周忆认为智慧营销的内涵可以用三个"P"来概括：平台(Platform)，指通过建立 AI 驱动的数字营销平台以获取客户洞察；流程(Process)，指要建立一套数据驱动的营销流程，从营销计划(Plan)、客户互动(Engage)，到营销优化(Optirnize)；人力(People)，通过采用 AI 技术和数据，为营销人员赋能，改变人的工作方式，从而变得更加智慧，为人机结合的时代做好充分的准备。[1]

营销的本质是吸引客户和保留客户。传统的营销模式，都是由商家、由产品驱动的，由一层层的分销商和渠道单向地硬性传播。在渠道主导的市场下，很多营销信息被截流，消费者只能被动地接受，生硬、没有交流，很容易引起用户的反感，营销效果越来越差。AI 技术赋能企业营销，实现平台智能化、流程智能化，并打造由新技术加持的营销人才团队，催生了新一轮营销升级，使营销活动能更好地为目标受众和公司创造价值，这才是真正意义上的智慧营销。

从行业高度对智慧营销进行重新定义：

（1）企业平台化。通过本平台，将企业转变成智慧生活场景商务的共创共赢平台。在这个共创共赢的生态圈里，外部的用户、外部的供应商、外部开放的研发资源，都连通起来，原来的封闭的管控体系变成互联网开放的形态，串联变成并联，把部门变成了节点。

（2）用户个性化。通过互联工厂的转型，实现用户体验的无缝化、透明化、可视化，最核心的出发点是满足用户的个性化需求，把大规模的制造能力转变为大规模的定制能力。

（3）员工创客化。创客，即让员工变成创业者、动态合伙人，我们从销售产品到孵化创客，企业变成平台之后主要的职能就是支持员工变成创客。其实这是一种创客精神，不但是支持企业内部的员工，同时也支持外部的创客，在企业的开放平台上进行创业和创新。

二、智慧营销的特点

1. 体验互动化

随着数字技术的发展，客户的购买行为也在不断发生变化。客户不再接受传统的单向推销，而更喜欢与品牌进行互动体验。因此，智慧营销通常通过与客户互动、提供个性化体验来吸引和留住客户。

无论是在办公桌前、在公共交通工具中还是在银行排队时，人们出于各种原因喜欢上网；无论是购物、预订航班、与朋友一起办理登机手续，或只是搜索信息，这些不同的在线功能都有一个共同点：个人在线体验的质量会产生巨大的影响。

---

[1]　周忆 .IBM: 智慧营销 [J]. 成功营销 ,2018(Z1):24—25.

这种体验的一个关键是消费者可以随时随地向企业提出自己的期望和需求，并得到快速的响应反馈。这种以客户为中心的互动体验，是对传统的基于活动的营销工作的重大转变。企业需要与客户建立更为深入的沟通与交流，打造"千人千面"的营销体验。

由于营销互动依赖于与客户进行公开交流的方式，社交媒体渠道一直是这一战略的重要组成部分，通常由企业的营销或客户成功部门领导。企业可以通过分发、传播符合客户偏好的多样化内容与客户进行互动，并确立企业在行业中的品牌地位。

随着 VR/AR 等数字化技术的出现，营销的交互性已经发生了根本性的变化，例如从简单的双向交流到游戏化等。武汉大学新闻与传播学院姚曦教授认为智慧营销有三种互动形式，即人际互动（数字媒介作为界面两端人与人之间的交流中介）、人机互动（消费者与日益智能化的电脑、手机等媒介进行信息交换）、人与信息互动（消费者与数字终端的内容进行互动，进行信息的生产与传播活动）。营销互动增加了客户的体验感，许多 SaaS 公司的成立是为了响应对新型内容和竞争对手之间差异化的需求。

以房地产行业为例，房企通过虚拟现实（VR）技术，为客户提供身临其境的购房体验。在展示中心，客户可以佩戴 VR 设备，通过虚拟现实环境浏览房产，进行室内设计和家具布置的互动。这种方式不仅能够为客户提供真实的体验，而且能够更好地展现房产的优势和特点，更加直观地吸引客户。

2. 受众精准化

智慧营销的受众精准化是指根据客户的需求、行为以及兴趣等特征，使用数据挖掘、人工智能等技术，精准识别客户群体，并针对性地向这些客户提供个性化的营销体验和服务。通过精准定位客户群体，房企能够更有效地刺激需求、促进销售，提高客户满意度。

以客户价值为中心就是为客户的需求"量体裁衣"，它要求企业要围绕客户全生命周期各个阶段进行精准营销，即依托数字化技术，细分目标客户群体，推出满足其个性化需求的产品或是服务，使得企业能够在最恰当的时间、以最精准的方式将产品卖给最需要的目标受众，在最大限度降低营销成本的同时，将营销效力发挥至极致。

精准营销包含 DSP、用户画像、程序化购买、智能推荐等概念。而精准智慧营销可分为两个阶段：第一个阶段是通过精准推广获取更多数量的新客户；第二个阶段是通过精准运营，实现新用户的成功转化，并在形成交易的同时，实现消费者对房企品牌忠诚度的提升。

在房地产智慧营销中，可以通过分析客户的年龄、收入、职业、居住地等因素，确定客户的需求和价值观，从而精准定向推送相关房产信息。比如，对于年轻的上班族，可以推送位于市中心的公寓项目；对于家庭主妇，可以推送位于学区的别墅项目等。精准的客户分类和定位，能够使客户感到被关注和被重视，增强客户的认同感，从而提高客户忠诚度。

3. 平台多样化

智慧营销的渠道和平台呈现多样化是指营销的渠道和平台种类繁多，不再受限于传统的广告媒体，而是通过网络、社交媒体、移动端等多元化的渠道和平台，满足客户不同的需求。比如，在线展示厅、微信小程序，还有迅速走红的移动直播平台、短视频等，都是智慧营销的重要渠道和平台。在媒介融合的生态环境中，数字化信息的承载与表达呈现多样化特征，话语权的下放使得"人人都是麦克风"，传受之间的身份边界模糊，消费者在自有的营销传播渠道中分享、传播信息。

在这种大背景下，智慧营销在丰富房企营销触角的同时，会带来很多新问题，如多入口、多平台的管理与整合，各种渠道沉淀下来的数据分析与利用等。企业在营销传播的过程中需要关注每一类营销传播的主体和接触点，积极构建全方位的营销传播平台，从而打造品牌独有的信息传播生态系统，能够让客户在不同的场景中体验品牌，深刻理解产品的优势。

只要更好地抓住客户的关注点，提高客户的参与度，并能根据不同客户群体制定个性化的营销策略、提高客户精准度、增强客户价值，就有利于助企业扩大市场份额，保持竞争优势，提高客户满意度，实现长期持续发展。

4. 费效可量化

营销服务经过不断的演化发展，按效果付费形成一种新的服务模式，这种模式下，甲方与乙方深度捆绑成为命运共同体，全链条参与咨询、IT 实施、代运营服务，是"互联网 +"和"+ 互联网"的双向演进，有助于传统企业快速实现智能营销转型。

智慧营销的费效可量化特点是通过技术手段对营销活动的效果进行精准评估和控制，使营销资源的使用更加高效。可以通过以下方面来实现：

实时数据监测：通过大数据和人工智能技术实时监测营销活动的效果，及时了解营销效果是否符合预期，并对营销策略和执行进行调整。

精准成本分析：对营销成本进行全面评估，包括人力、物力、财力等各项成本，以保证营销投入的有效性。

效果评估：通过大数据分析和人工智能技术评估营销活动的实际效果，以便对营销策略和执行做出更加科学和精准的决策。利用智慧营销的费效可量化特点，可以提高营销资源的使用效率，并对营销活动的效果进行全面评估，从而使营销更加科学和有效。

第三节　智慧营销的技术根基

营销需要技术。为了跟上不断变化的客户行为和营销渠道，企业部署了营销技术或简称"Martech"来管理从电子邮件和社交到广告和应用程序的所有内容。但营销技术不仅仅使用社交媒体调度工具或自动电子邮件服务。

营销服务企业正在将技术堆叠在一个 Martech 堆栈中，以创建一系列集成的工具，使他们能够跨多个渠道建立客户关系。事实上，美国知名智库 Walker Sands《2017 年营销技术现状及趋势报告》就指出，2017 年，几乎一半的美国企业 (49%) 使用多点解决方案构建了 MarTech 堆栈，将 10% 以上的营销预算用于采购营销技术。

对于营销人员来说，客户在哪儿，他们就应该在哪儿。随着越来越多的客户涌向数字渠道，营销人员不知所措，需要一种集中营销技术的 MarTech 堆栈来赋能他们的营销工作并时刻跟踪洞察客户，比如：收集客户数据、创建客户角色、与客户沟通、跨多个平台分发和安排内容、识别和培养潜在客户、监控客户服务和反馈、跟踪活动并预测效果等。

从营销核心业务看，可以将 MarTech 技术栈划分为投放与广告、内容与数字资产、媒体与渠道、触达与转化、用户运营五大领域，又依据技术落地的难易程度、成熟度以及一般情况下的建设顺序，分为基础动作、数字化智能化能力、理想与愿景三个层次。具体的技术实现可能出现跨领域、可共用的情况，但总体上会按领域聚集，同领域内相互促进、相互作用、相互依赖，而五大领域在智慧营销建设过程中则需要以不断补齐短板、螺旋上升的方式逐步建设。我们把这样的分析结果以路线图的方式呈现给大家，并对每一个领域的部分技术热点简要展开，期望在技术建设的道路上对大家有所参考，少走一点弯路。

一、投放与广告

房地产行业，"广告与投放"涉及业务预算比重最大，但过去在"粗放式"管理的大环境下反而技术投入程度并不高。在这一领域中，当前基础动作和数字化智能化能力建设主要是由广告平台、广告代理商在开发商技术生态'外'完成。腾讯广告、巨量引擎、百度广告等主流投放平台提供了庞大的数据标签支撑，各自闭环的投放体系、策略优化和算法自动优化等配套设施也非常成熟，甚至在代理市场上形成了大规模的投手与数据管理产品。而类似安居客这样的房地产垂类平台也通过投放引流、抓取客户线索、以微聊客 App 工具等形式完成自己的闭环。

因此，当我们仔细查看"广告与投放"这一技术领域时，会发现以下 3 个痛点：

（1）难以全局观察和分析投放数据。投放的具体计划，如果是由区域或项目营销不同的团队，又协同不同的外部投放团队来操作的话，还同时涉及不同的投放平台的输入磨合。这样，投放的预算、执行情况和结果汇总，就需要大量依靠人工传递和汇集，而如何管理平台广告账号，如何完善收集投放数据，如何准确及时评估整体效果就成为一大难点。

（2）投放执行与后链路效果数据的割裂。如何将投放触达、留资转化进一步与到访、成交进行数据链路的贯通，是评估真实投放效果、计算投放 ROI（Return On Investment，是指通过投资而应返回的价值即投资费效比）的关键要素。由于人为或者技术上的壁垒，迄今为止，鲜有看到开发商与广告平台进行数据联通和评估，不少场景中投放前链路与接待转化、判断客户后链路是脱节的。

（3）第一方数据的匮乏。精准化投放，需要后链路数据的持续反哺，或者第一方数据对客户画像的持续补充。在过往几年中，不断有房地产客户利用客户数据平台（CDP，Customer Data Platform）尝试持续积累客户数据，并形成本来可以提前的客户画像或人群包。但相对互联网企业和新兴行业，房地产企业普遍缺乏历史数据积累，尤其在丰富客户画像方面，缺乏自动化采集的机制和手段。CDP 和数据中台有如水池，水池建好了，却不能有持续的数据流入，短时间内难以形成价值输出，以人群包抽取等方式反哺和提高投放效果就更不用提了。

在"投放与广告"领域进行技术投入的业务价值主要在于，集中投放预算，提高投放效率，节约投放费用，及时快速地跟进销售线索，提高去化效果。

因此成功关键在于：

▪ 构建与各大投放平台的对接，以最简洁方式归拢投放账号以及投放执行情况；

▪ 构建实时报备系统，与客户池进行最高效的数据链路，形成自动分配甚至自动跟进的业务流程和技术手段；

▪ 跨平台的数据联通和客户唯一识别，解决跨平台跨系统客户全生命周期的观察和画像提取。

在"投放与广告"领域，需要用到哪些营销技术呢？

通常情况下，营销主在新产品上市之前，为了更大程度地吸引客户，会在公域投放广告进行产品牌宣传传，并获得客户反馈。这种营销过程需要程序化广告服务 Adtech 统一管理媒体广告内容和流量。Adtech 通过不同的渠道投放广告，更大化触达客户的同时也带来了难以处理的数据难题，因此需要数据管理平台（DMP，Data Management Platform）整合全链路数据。

接下来，将展现一组专门的技术术语，以便读者能够快速"捕风捉影"，拉平稍显晦涩的、又无法通俗表达的技术场景，其实这也是数字化转型比较难的方面。

Adtech：是"广告技术"的缩写，是指用于自动化和优化广告流程（包括定向、购买和广告放置）的技术和软件。Adtech 涵盖了许多不同的技术，用于提供、管理、跟踪和优化在线广告，为广告商提供了一组管理、提供和分析其在线广告表现的工具。例如，Adtech 可以收集关于用户行为的数据，以定位目标受众；也可以通过广告投放平台，在线投放广告。

Adserving，即广告服务，通常指通过程序化广告投放系统将广告投放给消费者的服务，是利用 Adtech 的技术支持在线广告发布和管理的具体应用。Adserving 被广告商、出版商和广告网络用于高效、经济有效地管理和提供在线广告活动。Adserving 平台，是广告智慧投放的关键，可通过多种流量采买形式，通常有公开竞价（RTB）、私有竞价（PMP）、优先交易等多种交易模式，组合管理媒体广告的投放。

数据管理平台（DMP，Data Management Platform）是一种用于管理、分析和利用客户数据的技术，它提供了一个集中的系统，帮助企业收集、整合、存储和分析关于客户的数据。DMP 是可以收集第一方、第二方和第三方用户数据的统一平台，包括线上、线下、移动等多渠道来源数据，打通私域和公域数据。DMP 的应用包括改进客户洞察、提高客户投放效率、增强客户分类和定位、以及提供更加精细的客户分析等，是帮助企业更好地利用客户数据，提高客户满意度和销售效率的重要技术。

二、内容与数字资产

内容是智慧营销的重要抓手，是线上获客和在线客户运营的关键，"内容为王""内容即入口"的提法在这里同样适用。房地产行业的产品属性和销售过程，决定了营销内容根本的理念和落地方法与其他行业完全不同，直接一点来说，地产营销必须围绕少量产品生产多维度、多形式的、在不同时期不同的营销旅程节点上能够使用的不同内容，在一定长周期内反复触达客户，打动客户。

这一领域的主要用户是智慧营销的策划团队，他们人数少、任务重，又对创意性和艺术性有较高的要求。传统的内容生产过于倾向于品牌输出和广告宣传，这在当前智慧营销的获客实操中往往显得单薄或经验不足。

在这一领域中，行业的主要痛点在于：

（1）高质量内容数量严重不足，频次不够。因为历史原因，当前行业内的策划团队更偏重于品牌宣传、线下执行，也没有专门服务于策划团队的赋能工具和生产平台。高质量内容的数量缺失，会造成客户触达运营的频次不足和表达不足。

（2）内容形式丰富度不足。智慧营销时代，客户早已不满足于产品牌宣传传页、卖点清单说辞。内容形式的丰富度对吸引客户注意力，提高客户兴趣，进而挖掘客户意向，进行转化至关重要。软文、海报、游戏化营销、调研问卷、售楼处小程序、VR物料、短视频等，必须能在策划团队手中，进行有计划、高频次的输出，线上的"小蜜蜂"需要更海量的"内容物料"。

在"内容与数字资产"领域内，当前最普遍的业务价值在于提高内容生产的数量与质量，以及数据资产管理DAM（Data asset management的简称），即规划、控制和提供数据及信息资产的业务职能，包括开发、执行和监督有关数据的计划、政策、方案、项目、流程、方法和程序，从而控制、保护、交付和提高数据资产的价值。

在此环节，我们重点关注的营销技术是：

（1）内容管理平台CMP（Content Management Platform），即通过"内容＋数据＋技术"为内容营销提供有效的生产制作、管理分发及效果分析等工具。CMP主要的技术是自感知内容制作基础设施。强大的自感知内容生产功能和编辑器，可以让所有人（包括但不限于营销策划人员和销售人员）轻松地生产各种样式的移动互联内容，如页面、表单、问卷、论坛、投票、小游戏、小程序等，方便传播刺激互动，这一系列的功能在PC端和手机端都能使用，不需要客户方再进行额外的技术支持人员投入。

（2）自动化流程引擎技术。这个引擎技术是所谓"自动化营销"和"自动化服务"的基础技术，可以给客户提供灵活、可调整、可视化的业务流程处理能力。采用自动化流程引擎技术，结合新的人工智能能力，通过智能化设备的互动，可以针对企业自己的服务营销流程提供智能化自动化的服务和引导，同时在客户感受一致的情况下形成人机协同服务。

（3）归因技术（Attribution Technology）。内容本身应当智能化地记录客户行为，洞察客户意愿，形成数据闭环。归因技术简单地说，就是研究每一个人在每一条内容上的消费互动和观看的时间、时长、设备、地点、交互动作以及这个受众传播出去以后作为影响力中心带来的点击、浏览、互动、留电（留下联系方式）和最终的到访成交等。在归因技术上的跨平台设备识别的研究XDID（Cross-deviceidentification），也就是让这种归因能力在任何内容传播平台上都可以用，可以打通识别。这种技术，一方面可以收集海量的操作数据为场景端提供更多样化、智能化的技术服务，另外一方面这也是激励服务的技术及数据基础。

（4）强大的按绩效实时激励工具平台。如果只停留于归因，不能为客户直接带来新的流量和客源，等同于揭露其他渠道的低效无能但自己又不能做出贡献，这就是"损人不利己，打破旧世界不建立新世界"，不能在现实商业中受到欢迎，这也是纯归因类的公司几乎没有获得真正商业成功的核心原因。

（5）DAM支持内容资产的重复利用和持续积累。对于企业来说，数字化、资产化的创意与内容同样是宝贵的资产，关注对内容资产的分类、分级管理，以及合规管理，也是这一领域的重点关注方向。DAM 提供了一种系统化的方法来高效地存储、组织、管理、检索和分发一个组织的数字资产，能够对接内容生产源，为内容生产提供足够物料和参考；能够按生产内容自动分类、从内容覆盖、时间、内容形式、效果维度为策划团队提供参考。

三、传播媒体与流量渠道

智慧营销的"媒体与渠道"离不开特定的互联网平台，通过在平台上运营账号矩阵，借力媒体资源，进行信息分发，是这一技术领域的基础动作和关键点。

（1）选平台。国民级应用微信和抖音，已经成为房地产企业的主战场，通过平台搭建和运营官方，配合流量自媒体进行信息传播和触达，是智慧营销的主要手段之一；安居客和天猫好房作为垂类平台的翘楚，同样不可忽视。跨平台的媒体运营，带来了对客户统一识别的需求和技术难点，如果不满足于对留资（留下个人资料）客户的统一识别，跨平台判客将成为持续困扰房企对客户归属问题进行判别的一大难点，结果的差池背后就是真金白银的损失。

（2）媒体矩阵的传播效率仍待提高，通过统一的线索收口成为技术建设重点。在微信生态中，毫无疑问，以微信小程序为主要产品形态的"线上售楼处""面客平台"承担了这一重任；而在抖音自成闭环的生态中，字节小程序因构建门槛高，使用不方便，尚未获得明确的定位，但这一现状已经破局。高速迭代的抖音有了新的业态形式和产品。例如巨量星图，通过平台数据和算法，将自媒体大V 的投放 ROI 透明量化，同时通过平台整合的方式进行交易撮合，很有可能会成为新的行业标配。

媒体平台

四、触达与转化

在渠道绑架、中介依赖盛行的地产行业，实现客户的直接"触达与转化"，是技术创新与实践的主要价值之一。而随着微信和企业微信的兴起，NLP/TTS 等语音技术也愈发成熟，相对其他领域，"触达与转化"技术领域内的创新和落地也相对更加活跃。

"游戏化营销"工具在客户触达中越来越重要。2022 年 9 月 14 日，"羊了个羊"在微信中引爆，单日广告收入超 600 万元，成为又一现象级小游戏。其背后隐藏的是人性的力量和游戏化营销的巨大魅力。

房地产行业中，线上游戏化营销无论在节点、集团营销，还是日常客户运营过程中，也都发挥着意想不到的作用。无论获客数量、用户参与度还是品牌曝光效果上，游戏化营销都是当之无愧的费效比之王。通过助力、裂变逻辑的设置，以小额激励的方式刺激传播和分享，短时间内即可获得海量曝光和触达，获取大量客户线索资源。

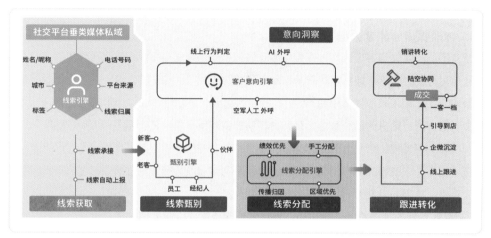

线索转化中心流程

以抖音、快手、视频号为主的短视频、直播的活跃，丰富了客户触达手段，也对营销技术基础设施提出更多要求。虽然直播卖房仍然存在争议，但视频平台以及直播的巨大流量将成为客户触达的主要手段之一，已经成为不争的事实。视频号和抖音平台在直播数据上仍然存在一定的壁垒或者局限性，技术上需要密切关注其投放、线索回收和触达效果评估的可能性。

虽然企业可以选择多种平台、触点、形式触达客户，但从效果来看，线索回收情况不尽如人意。分析其原因无非投放平台分散、触点分散、数据线下提供失真，对于大量的工作量和被处理过的线索，房企一线也不愿投入精力跟进，导致存在一定的资产流失浪费。

线索多平台自动聚合、分配和"空军"（线上营销团队）跟进管理的技术需求开始引起关注。 随着房地产企业智慧营销变革深入展开，伴随着"空军"角色的组织架构，统一平台进行线索分配、跟踪、引流，将会成为智慧营销团队的刚需。

线索自动分配是指利用自动化技术将销售线索分配给合适的销售代表去跟进。这种技术通常是用算法或规则来评估线索质量和相关性，并将其分配给最有可能获得成功的销售代表。线索自动分配技术的目的是减少销售团队的工作负担，提高线索跟进效率，并帮助销售团队更好地关注那些有潜力的线索。

空军跟进管理则是指在销售过程中组织和管理销售代表的跟进行动。这种技术可以帮助销售团队保持对所有客户和线索的有效控制，并确保每个客户都得到适当的关注和动态连接。

五、管理与运营

用户管理与运营始终是房企的重中之重，如今房地产 CRM（Customer Relationship Management）即客户关系管理系统已经趋于普及，客户触达手段日渐丰富，房地产企业对精细化运营的需求也开始逐步深入，要求也必然越来越高。

CRM 通过使用技术来管理和优化企业与客户之间的关系，CRM 系统可以帮助企业收集和维护客户信息，并通过分析客户数据识别、发展、服务客户，改善客户体验和客户关系，提高客户满意度和忠诚度。CRM 系统包含一个中心——"以客户为中心"，两个核心点——"客户细分和客户生命周期管理"，三个支柱——"市场营销、销售、客户服务"。

传统的 CRM 更多是将客户（消费者）的各种背景资料、消费情况等整理出来，然后通过系统的方式进行持续跟踪，包括进一步消费的记录归档；CRM 作为内部应用的部署用来提高内部工作效率、信息管理水平和能力；而 SCRM（Social Customer Relationship Management）更强调消费者的参与和互动。消费者不再作为单纯的物品（服务）的消费者或产权拥有者静态存在，更多是作为品牌的关注者、聆听者、建议者、共同创造者存在。SCRM 让用户更加拥有归属感、趣味感和成就感，互动的关系让消费者的需求和想法同品牌的定位的发展紧密结合，品牌和消费者真正融为一体。

SCRM（Social Customer Relationship Management），即社会化的客户关系管理，是基于社交媒体的客户关系管理。随着触点的增加和客户标签的更加丰富，房地产企业开始进入数据治理和梳理的新阶段，一批有志于数字化领先的企业在客户数据上的持续深耕将为这个行业的精细化客户运营树立标杆。

对于高净值地产客户，线上的流量最终一定要引导到线下，并通过现有的渠道管理系统进行判客，然后通过现有的 SCRM 系统进行接待，这个流程才能算基本走完。没有这个技术能力，就无法在行业里提供真正有深度的解决方案。SCRM 系统和渠道管理系统是需要长时间的积累和打磨的，和业务深度结合的工作量非常之大。

自动化一体化营销。由于行业的特殊性，自动化营销在新房营销中作用有限，但随着精细化自动化的客户标签积累，场景化的自动化客户运营、存量客户的激活，其在未来 3 年内将得到持续发展。越来越多的营销动作，由业务管理人员来制定，由 AI 来执行，通过企业微信这样的连接器来完成，一线销售人员的精力将得到释放。未来 3 年内，绝大多数功能单一的线上售楼处小程序、会员中心将失去价值，会出现更多集团层面统一，跨住宅、商业、物业、办公多业态，区域联动，销售、服务、会员权益一体化的服务平台。这是房地产开发商更加注重品牌，更加注重存量客户运营的必然趋势。越是头部品牌，越是要加速销售、服务一体化的整合步伐。

智能营销管理与运营平台结合了营销自动化技术和智能化数据分析及营销策略推荐等功能[1]。利用机器学习的算法打造的销售线索主动发现主动推送的功能，带来的震撼是极大的。

智能营销管理与运营平台主要技术路径如下：

（1）基于自主研发的 AI 场景化应用，让 AI 算法在内容生产、触达转化、客户跟进服务和销售现场内实现增效赋能。提升自动化、智能化、精准化的水平，形成行业领先的自动服务机器人（Robotic Process Automation，RPA）流程实例库，把行业智能营销服务提升到新的标准上，打造开放型的客户画像的模型，把客户画像融入到营销和服务的过程中去。

（2）通过自主研发满足行业需求，为凸显行业特色的 SaaS 软件和工具平台，提供行业客户及个人用户的使用支持。大力推进"智慧技术下沉"，让更多的基层门店，销售员看得懂，用得好，高频使用，进行大量的客户商用检验，快速提升成熟度。

（3）实现多平台的适配和打通（腾讯体系、头条体系、百度体系、国外主流社交媒体等），公域私域融合，赋能更多新兴内容形式（AR、短视频等）把私域精细化运营和公域开放式获客结合起来，确保效果爆发力和投入产品比两手抓，两手都要硬。线上线下融合，软硬件融合，积极探索线下场景的营销服务智能化，比如营销服务机器人和 CRM 系统的更完美结合，打造更高级别的智能服务场景。

（4）通过 ERP（Enterprise Resource Planning，企业资源计划）和 SDK（Software Development Kit，软件开发工具包）构建开放的、对外输出型的技术合作架构，通过技术赋能大量战略合作伙伴，通过伙伴开拓新行业，服务新的场景。

再回到智慧营销的技术工具和整体解决方案的应用现状上，不得不说，国内大部分房企，其营销数字化转型尚未形成统一思路，亟须建设完善先进的工具应用，个别闪耀光芒的场景实践也正翘首以待致胜智慧营销方法论。

---

1 营销实验室 Convertlab. 营销云是什么?

[[EB/OL]. https://www.zhihu.com/question/46439055/answer/1483188963

不少房企项目或多或少会做一些公域直投，费用是花了，效果却难以精准衡量，项目上的各自投放也是难以监管，花钱得到的几条线索，最终也因为没有及时跟进或者其他渠道拦截而白白流失；私域营销方面在组织、工具、机制等多维度层面都存在短板，成果层面也是各有说法，有的房企说自己有几百万的老业主电话，有的说有千万的粉丝，有的说有客户超级入口（小程序），有的有好几百万的全民经纪人，数字看着亮眼，但如果要问，这些数据活跃度如何？带来多少增量？对品牌影响力有提升多少？大部分房企都沉默了，这就是当前房企营销的现状：营销费用逐年缩减，费效比难以提升，项目去化难，成本居高不下，而搭建智慧营销平台就是为了实现房企营销精细化转型破局。在危机中觅新机，于困局中开新局，这句话同样也适用于破茧而生的中国房地产市场。

第三章
房企制胜智慧营销方法论

地产过寒冬，关键练内功。

从 2020 年我国提出加快建设 5G、大数据、人工智能、云计算等数字化"新基建"，再次确定了未来数字化的主导地位后，房地产行业从开发建设、营销交易、物业服务等各个环节也都在数字化浪潮席卷的当下完成重构，其中，智慧营销工具将以最快的速度帮助房企挖掘自己的经营护城河。

元宇宙、ChatGPT 等层出不穷的数字化技术正在改变企业和消费者之间的交互关系，逐渐透明化的市场信息也使房地产行业从卖方市场转向买方市场。基于 4D 营销理论，智慧营销应以客户价值为中心，基于数据洞察、预测并创造客户需求，提升营销的精准度和转化效率。本章将要描述的一套成熟的制胜智慧营销方法论，即坚持智慧营销的"道"——"以客户价值为中心"，借助智慧营销的"术"——"流量融合 + 系统工具 + 增长运营"，来指导智慧营销实践，以适应多变的消费需求，使企业能够用相对低的成本较快地获取持续增长。

第一节　方法论概述

做好智慧营销并非简单的技术赋能，更是一个体系的建设及思维的转变。房地产企业需要把握AI、大数据等新技术带来的变化，并通过不断地探索和实践，构建新的智慧营销体系。这套适合房地产行业的最佳智慧营销方法论就是 以客户价值为中心、公私域流量融合获客、系统工具数字化"管客"、持续增长运营"养客"，以助力房企建立一套高效自主的数字化获客、管客、养客的智慧营销体系。

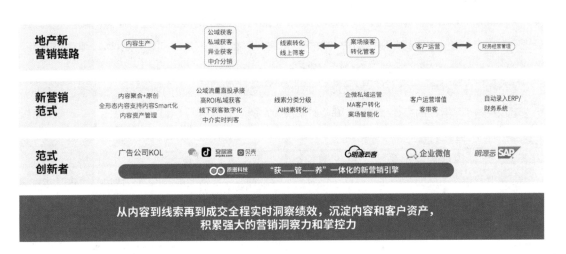

地产新营销范式

一、道：以客户价值为中心

以客户价值为中心的营销理念是智慧营销的重要组成部分。通过对客户价值的深入分析，房企可以更好地了解客户需求，为客户提供更加符合需求的产品和服务。通过为客户创造价值，房企不仅能够提高客户满意度，还能增加客户忠诚度，从而实现长期的业务增长。

客户价值是企业为客户提供的价值，从客户的角度来感知企业提供产品或服务的价值，价值则指客户是否觉得他得到的好处和服务超过了他所支付的费用。创造客户价值可以提高客户满意度和客户体验，可以提高忠诚度、市场份额、价格，减少错误并提高效率，从而带来更高的利润。

智慧营销应该时刻把握"以客户价值为中心"这个原则，一切营销活动均需要围绕创造客户价值展开，这是实现持续增长的途径。这意味着营销策略和营销活动都必须围绕客户的需求和愿望展开。房企可以通过深入了解客户，了解他们的行为、兴趣和需求，更有效地设计和执行营销活动，提高客户满意度，并最终提高客户忠诚度和消费购买力。还可以通过营销活动增强客户参与度、利用数据和分析来提高整个客户旅程的服务体验，有助于推动可持续的盈利增长。房企也将看到切实的影响，因为它们在满足不断变化的客户需求方面将更加敏捷和灵活。

二、法：AI 赋能增效，数据洞察客户

随着科技的不断进步，人工智能在企业中的应用日益广泛。房企运用人工智能技术，不仅能提高生产力，还能帮助企业更好地了解客户需求，提高客户满意度。

过去几年，房企打造品牌投入大，耗时长，直接收效小，品牌被渠道不断侵蚀。另一方面，缺乏可靠的流量收口，这种情况下，投入的收效无法评估。但在房产红利时代结束后，客户线上筛选周期变长，线上决策比重加大，在客户出现在售楼部之前，品牌将成为留住客户的核心依据。

识别"谁"是最重要的目标消费群体，其主要需求是什么，是所有品牌定位与建设的基础。数智化时代能够捕捉的消费者数据在深度和广度上都大有不同，对品牌识别目标消费群体有极大的赋能效果。从广度讲，线上销售已经占据一些消费品类超过 50% 的总销售，带来的是对知晓、考虑、曾购买、最近购买、忠诚等处于不同阶段的消费者数据的全面、精准捕捉。从深度讲，通过 AI 追踪和多维度数据整合，对单一个体生活中的全方位行为数据捕捉成为可能。

人工智能技术还可以帮助房企提高客户满意度。例如，通过对客户的语音和文本数据进行分析，房企可以快速了解客户的投诉和建议，并及时解决客户的问题。

三、术：流量融合 + 系统工具 + 增长运营

在智慧营销术的层面，房地产行业缺乏增长运营工种与深度落地服务保障，这也是过去几年智慧营销整体效果不显的首要原因。本书经过观察访谈大量房企营销人员，借鉴国际智慧营销先进经验，并与房企在智慧营销领域共创共建、不断摸索，总结了一套适合房企智慧营销的"术"——流量融合 + 系统工具 + 增长运营，以助力房企营销实现更多的触达、更准的引导、更好的服务转介。

（1）流量融合。运用 AI 技术促进公私域流量融合，深刻了解内容的演变、形态、转化效率，帮助企业做好融合。一是公域引流、私域沉淀，即通过抖音、公众号等公域平台获取用户，再通过投放引流或者异业合作等方式沉淀用户形成私域流量，从而最大化挖掘存量用户价值。二是存量带增量，即通过福利分享活动，促使私域池中用户触达其社交关系网中的潜在客户并引入私域池。

（2）系统工具，即技术工具与解决方案。两条腿走路，既提供标准化的 SaaS 软件，也面向重点客户（Key Account）提供定制化解决方案，如碧桂园、华发、吉宝等均倾向于使用定制化解决方案。

智慧营销强调对客户需求的洞察，了解消费者的需求是根本，技术工具的进步可以为营销业务赋能，助力营销人员更方便快捷地洞察、触达、转化客户。营销服务可沿着客户的需求与业务逻辑，提供从营销推广、客户获取、客户管理与运营等环节的综合解决方案，解决客户全生命周期的营销需求。

MarTech 解决方案通过为营销人员提供新的媒介、渠道和媒体类型，颠覆了营销格局，并彻底改变了营销活动、营销分析和客户体验。房地产行业是最早采用 MarTech 解决方案的行业之一，通过使用 MarTech 解决方案，企业客户转化率提高，营销投资回报率扩大。MarTech 在房地产领域的第一个最大颠覆是基于技术的门户网站的出现。它为房地产公司创建了更新的专用渠道，并减少了客户对房地产经纪人获取任何项目信息的依赖。

（3）增长运营服务。在中国，非常垂直的软件是很不容易发展起来的，产品太单一、太轻、太薄，客户不一定用得起来。比如做 SaaS 软件，仅是为客户提供他们需要的软件是不够的，因为行业内人才的教育背景与工作习惯等问题，客户不一定会真正把软件用起来，产品的价值不能发挥出来也就很难产生实际效果。这就需要增长运营服务，以客户成功人员沉浸式陪跑帮助客户实现增长。

"流量融合＋系统工具＋增长运营"的模式，能帮助客户在扩大直销来源的同时，降低获客成本。以房地产行业为例，能帮助客户将销售成本，从曾经占营业收入 2%—3% 的比例，下降到 1%—1.5%。

结合营销场景，房企制胜智慧营销方法论能够助力企业实现持续增长，主要由于有以下三大优势：

（1）有效获客。智慧营销系统拥有超多场景营销获客组件和玩法，比如海报获客、电子名片获客、线下异业获客、调研获客、直播获客、社群获客、霸屏活动获客、可信投放获客等，融合公域和私域流量，引流更快、曝光更足、转化更高、黏性更强，让好项目轻松找到很多客户，大幅提升房企自获客能力，有效摆脱渠道依赖，良性推动去库存。

（2）有效管客。智慧营销系统在管客功能上帮助房地产企业解决了很大难题，比如说离职继承：地产销售离职的时候，需要交接的客户资料还是比较多的，如果下一个销售对转交到手的一个客户不熟悉，那么这一单就可能丢失。而企业微信地产营销行家，会将客户的聊天记录、人物画像、客户管理系统，全部转移分配给下一位销售，做到无缝连接，避免了交接过程中的遗漏和交接过程的繁琐，让下一个销售立刻获知客户的需求。

在面对潜在客户跟进任务重、活动邀约通知不到位、客户回访人力投入大等问题时，AI 客户跟进服务流程，覆盖客户来访、回访、维护、认筹、签约、满意度管理、回款节点等标准化流程，聚焦转化、业务管理和客户维护等高价值工作，解放 70% 销售员人工重复操作，从"人伺候系统"转向"系统伺候人"，提升工作效率，增强客户体验。

（3）有效养客。一方面，智慧营销系统能够深度理解客户需求，即围绕客户生命周期，梳理数字化业务场景和需求，把企业的业务、增长指标和技术赋能点对应起来。另一方面，智慧营销系统能够确保营销落地见效，即客户通过使用需要的数字化工具，适度介入日常策划和营销执行，并输出触达、吸粉、留电和到访的效果，有效提升销售转化。房地产企业增长运营与营销节点／营销内容、一线营销团队、案场推盘节奏、客户系统生态主动紧密结合，确保落地见效。

四、房企智慧营销方法论如何制胜

房企制胜智慧营销方法论是基于客户全生命周期的智慧营销，可以助力房地产企业监控各渠道客储（客户储备）增长趋势，分析渠道拓客转化能力，评估各渠道效果，掌握各渠道费效比，用丰富的数据实现房地产企业的智慧决策。对房地产企业而言，智慧营销方法论拥有全生命周期闭环营销、体验互动性、目标精准性、平台多样性、服务个性化与定制化、内容和营销效果可量化等特点。

1. 营销流程闭环

营销闭环，指营销体系同各个流程模块组成完整的循环闭环。这一理论最早由诺维尔提出，后广泛被企业应用到营销实践中。营销闭环理论经过不断的发展，最新的内涵还是以客户为中心，形成全生命周期的营销闭环是生态体系，既可以个人支撑，也可以群体协作。

传统营销专注于一个销售环节，而智慧营销最重要的是形成闭环，数据闭环、营销流程闭环是实现智慧营销的先决条件，客户服务闭环则是智慧营销实现后的理想形态，真正完成客户全生命周期的运营，让营销不只停留在前期销售阶段，环环相扣，形成一个圆满的、闭合的圈儿，才是房企智慧营销的要义所在。

2. 私域流量池实时直连客户

在电话、短信营销完全失效的当下，房企智慧营销可以连接企业微信和个人微信，通过适合不同场景的收客码，快速地建立自己的私域客户池。无论是海报、易拉宝还是派送的小扇子，只要用户扫了码，就可以与销售绑定，无须添加好友就能实现直接沟通。而这些客户都会自动记录来源标签，统统收口到房企私域客户池中；同时企业微信的群发、朋友圈等手段，给房地产企业提供了高效便捷的直接触达客户的手段。房企可以通过多种方式让客户沉淀到置业顾问的企业微信里。

3. 针对性且高调性的营销内容

广告投放是房企主要获客方式之一，无论是电视、报纸还是户外广告，都是房地产行业的投放阵地。这种投放是通过大量曝光，捕获意向客户群体。然而，伴随着大数据时代的到来，大众的选择越来越多元化，传统的广告形式还能否达到房地产企业所期待的曝光量，是值得商榷的："你投放的广告只有百分之五十起作用，是哪百分之五十起作用我也不知道"的说法，在精益化、精准化时代简直令人无法容忍。再来看互联网广告投放，由于"围墙花园"效应，房企们往往只能看到点击、展示等硬指标，而无法得知触达用户的性别、年龄、所在地、收入等软指标，很难形成一个有效的信息流，而且这个信息流极其易碎。

房企智慧营销焕新了广告投放的效能。它的多媒体平台不仅有投放模块，还有数据回流模块，并能通过效果评估进一步调整策略。依托可分类分群运营的客户资产池，可制定有针对性且高调的内容及活动实现高效"撩客"，从而达到既不引起客户的反感又能达到影响客户的目的，这无疑比单维的短信、文字效果要"爽"得多。如根据用户的性别、年龄、职业、爱好去匹配不同的活动，或根据用户的收入层级去推送不同的图文信息，或在用户的生日节点送上祝福，甚至根据用户广告点击率、营销接受度去设定推送频次；通过小程序等方式快速分发给置业顾问、行销团队、房产中介、潜在消费者等，实现人际圈层的精准传播。或者通过小程序植入公众号广告、海报等推广形式，实现快速有效拓客。在客户收到相关信息后，如果再给予一定激励，促使其传播分享，便可以进一步放大效果，引发爆发式社交传播。如拼多多调动人去给好货砍一刀、发99元红包满百元提现等的策略，就是自转发形成裂变，房企的私域就能做成房企自己的拼多多。

4. 品牌和营销服务的无缝衔接

基于企业微信的地产智慧营销系统提供一线管理入口，实现线索分配、客户跟进、报表、会话分析、员工离职等日常管客跟客工作。企业微信的特殊赋能，能够轻松实现客户重分配。客户转售后，离职继承、在职继承，无缝衔接跟进与沟通记录，保护企业自有的客户数字化资产。如到访、接待、通知销售、查看客户到访数据等流程，都可以在用户扫码签到后按部就班地执行。在意向客户的跟进转化、运营服务里，基于企业微信的地产智慧营销系统不仅为置业顾问提供拓客、获客所需的智慧赋能数字化物料，同时也提供跟进、服务客户所需的标准物料，为置业顾问提供全面的支持。

5. 完整画像的客户数据资产池

房企智慧营销系统支持万物万码，配置各种游戏、活动、问卷，适应线上到线下的各种拓客场景。在线上，房企智慧营销通过小程序、朋友圈、腾讯广告、抖音、百度、安居客、微博等线上投放平台，全内容形式精准投放，借助获客名片、Smart升维内容、拓客码、在线客服以及互动视频功能片中二维码，帮助线上获客。在线下，房企智慧营销结合线下扫码、户外广告、异业合作等丰富的线下拓客场景，将销售线索、潜在客户统一收口至企业微信，打造企业私域客户资产池。

如在小程序、H5线上的售楼处等房地产企业营销场景中，可通过意向面积及学区标签将客户做最简单直观的分类，在销售过程中有力地支撑客户的再激活。当然地产客户运营动作远不止此，这就需要一整套完整适用的标签来形成完整的客户画像。而通过和线上售楼打通、内容数据埋点等，数字化客户运营平台可将线上、线下客户全生命周期的标签逐一采集。在防止客户资产流失方面，在销售人员变动后，可将其客户关系、对接信息一并转给后续的同事，持续跟踪不丢失。

6. 可量化的营销服务效果

从内容创造策划、传播推广到客户转化成交，提供多元、完整、实时的绩效评估机制和工具，改变了过去策划和销售脱节，项目和集团脱节的营销管理现状。在数据决策端，实现了全渠道全内容形态的实时洞察、线索抓取和按效果付费，谁，在什么地方，看了什么内容，用什么设备，是否有兴趣，是哪个渠道，谁带来的等内容传播趋势、受众阅读兴趣、客户活跃区域、客户转化情况、内容裂变过程、销售员工龙虎榜，都清晰可见。以数据和结果为导向，从"人看内容"变成"内容看人 内容引人"，内容具备"自感知 自行动 自激励"的能力，让每次触达和转化都能实时按照"浏览、咨询、关注、留电、到访、成交"等效果进行激励。

7. 营销工作自动化高效运营

随着客户池子的不断扩大中，客户运营、维系的量也会呈指数级增长，不仅消耗人工且很容易出错。这就需要自动化工具处理简单且重复的日常客户维系工作如节日祝福、批量满意度回访、签约通知等。例如，新盘推广、优惠信息或者节日问候等场景，销售人员可以一键群发给数十万客户，再也不用一对一转发，省时省力。

此外，很多房地产企业或中介平台都要求员工及时回复客户的线上咨询，但这实在是知易行难，因为谁也无法 24 小时在线答疑。而很多平台自有的智能回答机器人其实都很不智能，不仅解决不了用户的问题，反而给用户添堵。在这方面，"企业微信 + 聊天机器人"不仅能根据关键词为销售人员匹配素材，还能在销售不在时自动回应，这就是全天候的 AI。

第二节　以客户价值为中心的智慧营销顶层设计

在传统营销理论中，用户的消费行为受社会、家庭、个人、心理四种因素影响。在当前的营销场景中，激烈的竞争和技术颠覆已经改变了组织的运作方式（Gans[1]，2016）。以客户价值为中心的方法在组织发展中发挥着关键作用（Vetterli、Uebernickel、Brenner、Petrie、Stermann[2]，2016）。在"用户为王"的时代，多媒介、多触点、多信息为场景营销赋予新的价值，由泛化营销向精准营销过渡，借助场景优势，提升用户忠诚度及转化率。

---

[1]　J.S. Gans. Keep calm and manage disruption. MIT Sloan Management Review, 57 (3) (2016), p. 83

[2]　C. Vetterli, F. Uebernickel, W. Brenner, C. Petrie, D. Stermann. How Deutsche bank's IT division used design thinking to achieve customer proximity. MIS Quarterly Executive, 15 (1) (2016), pp. 37—53

面对数字化、社交化、移动化的新一轮商业浪潮，企业在进行以客户价值为中心的智慧营销体系建设过程中，要把握三大方向，创造优质客户体验，实现业务快速成长：

首先，要以客户体验为管理导向。卖什么都是卖体验，房企可以利用智慧营销系统洞察客户，并从客户触达到客户参与、购买全旅程进行统一化互动管理和营销规划，满足客户在产品和服务上的良好体验需求。

其次，要以客户需求为战略导向。企业要搭建智能化客户洞察工具和技术，培养营销人员的数据分析能力，通过精心策划营销活动和客户互动反馈，持续响应客户需求，并围绕客户需求实现客户价值创造。

最后，要持续为客户提供高质量的产品和服务。对企业来说，产品质量是企业的命脉，服务质量是企业发展壮大的关键，二者缺一不可。房企应建立良好的客户互动渠道，强化客户参与，持续为客户提供更多的产品价值。

一、以客户价值为中心的管理思想

企业和企业家是通过对市场与客户需求的洞察做出产品和服务创造了客户和市场，现代管理学之父德鲁克认为创造客户是企业存在的根本理由，企业为客户服务，其实更需要为用户创造价值。当客户觉得一个品牌正在竭尽全力提供其独有的东西时，他们才会对品牌产生依恋，愿意花更多的钱。在当今时代低廉的价格不再能留住客户，优质的客户体验才是王道。

客户体验被定义为客户对公司品牌关系的感知，无论是有意识的还是潜意识的，都源于他们在客户生命周期中与品牌的所有互动。无论所处何种行业，企业的客户体验都不是单点覆盖的，而是由多方所组成，一般会包括品牌形象、产品、服务以及用户付出的金钱成本、时间成本等，客户体验贯穿售前、售中、售后的长链体验中，是企业业绩增长之锚。

在"以产品为中心"的时代，企业聚焦于为客户提供基础的产品和服务，客户也满足于简单地获得产品。而随着市场逐渐由供给侧转向需求侧，"以客户价值为中心"的时代到来了，此时的客户体验管理从聚焦于关键客户接触点，转到聚焦于跨渠道全流程客户体验的优化。在这个演进的过程中，客户再也不会主动探索某个品牌或产品，而是在自己的生活场景中"被触达"或"被吸引"，客户被动时代催生客户体验管理。

客户体验管理简称 CEM（Customer Experience Management），其定义基本上可以表示为企业用来跟踪、监督和响应所有客户交互的最佳实践。其主要目的是帮助公司超越客户的期望，以提高客户忠诚度、拥护度和整体满意度。客户体验管理可以为营销业务提供切实的好处。改成 CEM 思考给营销业务带来的切实好处如下：

1. 更高的客户终身价值（CLV，Customer Lifetime Value）

客户终身价值表示客户在其整个生命周期中将在业务上花费的金额。当品牌能够识别出这个数字时，他们就知道在留住客户方面要投入多少资金。公司经常推出奖励和忠诚度计划，甚至亲自与客户取得联系，作为这项投资的一部分，以提高客户体验。提供更好的客户体验可以延续客户对品牌的忠诚度，客户更有可能继续消费，以换取无与伦比的品牌体验。客户在业务上花费越多，公司的利润就越高。

2. 减少客户流失

专注于提升客户体验的企业可以看到更高的客户终身价值，并且不会像其他品牌那样经历客户流失。应该始终利用接触点，并努力通过电话、电子邮件更新或欣赏活动与客户联系，以在客户的潜意识中占据永久空间。

3. 增加品牌资产（Brand Equity）

品牌资产主要是指品牌在客户眼中的价值。兑现承诺，提供卓越的产品和服务，以及始终为客户提供服务等因素，可以增加品牌的感知价值。另一方面，交付不足、令人失望的互动、时间滞后和劣质产品会引发资产减少。一家拥有积极品牌资产的公司将有很多客户到处谈论它，这些客户很乐意发布评论，与他们的朋友和家人分享他们的经验，并传播积极的口碑。

4. 更高的客户保留率

当前面几件事做好，更高的客户保留率会自动随之而来。这是因为积极的品牌资产为高客户忠诚度让路，这与更高的客户保留率相关。所以应奖励忠诚度并与客户保持联系，以加强对品牌的积极认知。积极的感知是整体客户满意度的根源，也是提高客户保留率的关键。

5. 更主动的危机管理

很多企业正在实施有效的客户管理体验计划，以应对未来的任何缺点或潜在危机。一家公司的声誉被一根线所束缚，像未能解决简单的客户请求，甚至是员工的轻微错误这样的小事都可能导致糟糕的公关和负面的口碑。当事情变得不确定时，拥有有效的CEM营销计划的公司人员可以直接与客户、媒体互动，以建立新的信任基础，最终带来积极的体验。

6. 降低服务和营销成本

如果企业遵循以客户为中心的营销方法，则可以消除许多猜测和基于直觉的产品，并开发客户想要的产品。当公司的客户体验团队提前预测客户的需求时，客户想要的产品及其可能面临的潜在问题就可以被轻松地确定，根据数据事先行动就能够领先一步，这将有助于降低服务成本并有助于传播积极的口碑，也会降低营销成本，此所谓事无巨细，集腋成裘，客户心思无小事，勿以善小而不为。

7. 更好的客户参与度

成功的客户体验管理计划将要求采用全渠道方法来吸引客户，客户体验团队可以准确地确定客户最常互动的位置，并在这些平台上定位自己，以提高参与度。可以通过社交媒体、电子邮件或电话等方式，积极主动地与客户联系并定期与他们互动，大多数情况下，可以通过促销活动赠与免费奖励，例如折扣券和礼品卡来实现。

客户体验管理

二、围绕客户需求实现客户价值创造

客户需求是企业发展的原动力，以客户需求为导向是企业成长不可或缺的驱动力。房企需要通过对客户需求的高效响应，强化客户对房企的服务体验感，从而增加客户黏性。因此，如何能够让客户真正体验到全流程高品质服务，实时跟进客户，并对客户的需求给予反馈是每个房企都要思考的。现阶段，已有部分标杆房企投入大量资金建设数据库，整合内外部资源，助力业务、客户信息线上化，打通 C 端（消费者、用户）和 B 端（房企终端）的沟通障碍。

购房者需求的类型大致可以分为自住型购房需求、保值型投资购房需求和炒房型购房需求，自住型购房者，首先考虑的是房屋质量、交通、安保、学区、绿化、物业、周围环境和商业圈等，投资型客户主要是以投资房地产达到资产保值的目的，投资型购房者主要考虑房产是否容易出租、周围的商业氛围是否浓厚、物业费用的高低以及环境是否安全等，炒房购房者购房目的明确，主要关心房产是否有独立产权，买卖后多久可以交易、税费、房屋的长期升值能力等。在清晰定义购房者需求的基础上，房地产企业通过开展客户的市场调查，调查分析购房者对户型、价格、区位、房屋用途、社区环境等的需求特征数据，对企业产品线及功能提出建议，开展对特定目标客户群的精准营销施策，但这里面一个重要的关注点是："房住不炒"已是国家政策的主基调，炒房型客户正在逐渐减少，甚至销声匿迹。

1. 市场细分

市场细分是指营销人员在市场调研的基础上，基于消费者在购买行为与行为习惯以及需求等方面存在的差异，将项目产品的所有市场细分为若干个消费者群体的过程。不同消费群体有不同的消费需求，他们形成一个独立的细分市场。

目前房地产市场通常根据档次、产品类别、户型面积等来区分不同的细分市场，在实际的销售过程中，应根据客户的实际需求与产品本身特点来细分市场，客户关注的问题主要有以下三点：一是房屋户型，这是客户关注的重点。客户是首次置业还是二次改善住房，是刚需还是改善性需求，不同的需求对户型的要求都是截然不同的。以投资为目的的购房者更愿意选择户型小的刚需户型，此种户型具有一定的保值增值功能。二是房地产价格。面积较大的户型由于总价较高，只有改善性客户会选购。而普通工薪阶层对经济实惠的高层或小面积户型更感兴趣。三是项目所在的位置。对于刚需客户而言，位置与他们的生活工作息息相关；对于保值型购房需求，位置是影响保值增值的重要因素。

2. 市场选择

地产项目的成功与否，关键在于如何选择合适的目标市场。选择一个正确的目标市场可以提高企业的销售额和收益，同时也可以缩小市场风险。房企通常通过对客户需求数据的分析、对购房群体的市场调研，确定市场细分的变量，综合考虑购房用途、购房者经济实力、户型选择等细分变量，以准确的市场细分来确定细分市场。

房企在选择目标市场时，应该考虑的因素有：

潜在客户的需求：对于房地产市场来说，潜在客户的需求包括购房的目的、预算、偏好等。

市场竞争：对于市场竞争的分析可以帮助企业了解竞争对手的情况，并制定出合适的策略。

经济环境：经济环境对房地产市场有很大的影响，因此，在选择目标市场时，需要考虑当前的经济形势。

3. 市场定位

采取精准营销策略，需要对目标群体的特征开展描述，特点描述越清晰，营销策略越精准。房企需要根据目标市场的特征挖掘目标市场特点与项目产品的结合点，对产品进行演绎，确定项目的市场定位。一般可以将房地产市场划分为不同的市场定位，如：

年轻家庭市场：对于年轻家庭市场，可以提供适合家庭生活的房屋，如多房间的住宅。

公寓市场：对于公寓市场，可以提供现代化、方便的住房选择，特别适合单身人士或是城市中的白领人群。

高端市场：对于高端市场，可以提供高档、豪华的住房选择，特别适合富裕的客户群体。

三、持续为客户提供高质量的产品与服务

持续为客户提供高质量的产品与服务的管理理念，即指房企利用数字化平台实现与客户的积极互动，使客户直接参与到房企产品开发和建设中，通过图文、视频、直播等现代化营销方式，激发潜在客户对品牌、项目的认同，激发购买欲望、对已认购客户进行触达，让他们感受到自己被尊重与关怀，让客户体验到企业致力于为每个客户创造价值。秉着对客户负责的经营理念，洞察与了解客户需求，为客户提供高品质的产品、服务和解决方案。

1. 项目开发策略

房地产的开发流程由多个环节构成，包括规划设计、施工、交付等，每个环节都要确保房屋质量，亦要遵从相关的规划要求；但如何在规划规范之下，合理安排开发节奏和策略，便体现了项目规划者

经营规划和洞察客户的能力。实际上，优秀的项目开发策划，应该就是基于对客户需求的理解来进行的。客户高度关注的需求和配套，应当优先安排与重点呈现；大型分批次交付的项目，应充分考虑客户的出行动线、生活品质，进行交付和施工范围规划，最大程度保证先入住客户的居住舒适度和满意度。匹配客户需求的产品规划以及交付体验，是项目与品牌最好的销售物料与证言。

2. 整体规划和产品设计

项目的整体规划和景观设计决定了项目给于市场与客户最直观的感受与认知。优秀的规划设计应该将客户的生活场景与规划方案结合，再与建筑技术、自然环境融为一体，打造出全年龄段的业主在小区里安居乐业、各得其所、人与自然和谐相处的生活氛围。从这个角度讲，对客户的了解和认知就显得尤为重要，客户的家庭结构、年龄范围、生活方式、审美偏好等，都应该是规划设计最有益的输入条件，把对业主的了解与关怀体现到项目的整体规划中，设身处地地为业主考虑，关注差异化和细节，体现对业主的关怀与尊重，结合成本条件，对景观和公共空间进行规划与资源配置，把钱花在客户看得到、感知得到的地方。

在进行户型与产品设计的时候，对客户的洞察和关心同样重要，带着客户的需求和视角，带入生活场景，对室内空间进行规划布局设计，精心设计尺度、动线、功能划分，考虑装修成本配置与标准选择，营造有温度的空间与场景，是最终赢得客户认同与选择决策的关键。

3. 服务体系与体验

规划、景观、户型和装修，是购买决策前客户重点关注的内容，但在销售体验的过程中、入住后的生活里，细水长流的服务体验，才是决定项目和开发商品牌忠诚度与美誉度的起点。千里之行始于足下，不同的客户群体有不同的偏好与敏感点，不论是销售过程还是入住后，设计让客户感受到尊重与关怀的服务体验，调动资源解决影响他们日常生活与居住感受的问题，将为项目与品牌带来持续的老带新购买，这是众所周知的最高效的营销通路。数字化工具与运营，在持续高效地触达客户、了解客户、收集客户建议和需求方面，将为开发商创造不同以往的效率与可能性。

第三节　"获客"，高效地触达和发现客户

时代在变，营销更需与时俱进。房企依靠中介渠道获客的传统营销方式逐渐失效，自身直接触达客户之难日益凸显。房企营销面临的首要问题是：我的客户在哪里？

数智化时代，消费者行为正在发生翻天覆地的变化，获取信息的渠道已经从线下全面转移到线上。购房的主力军将变成对互联网有着重度依赖的90后、00后，他们是有互联网原住民之称的"Z世代"。如何以互联网为入口，利用数字化技术打造营销通路、优化营销成本、高效获客，是当下房企打破营销困境的焦点问题。

本节总结分析智慧营销获客流程，从"多维度内容创造和多渠道触达目标受众—发现意向线索客户并引导到访—对到访客户完成判客—记录和添加实名客户—可量化分析的成交转化过程—数字化企

业泛会员和数字化客带客",全方面讲解地产行业如何打造真正可执行的地产智慧营销获客系统,助力房企营销获客高效传播裂变,量化效果降本增效。

一、公私域流量融合高效获客

以客户价值为中心的营销和运营,就是要不断地触达客户、吸引客户、转化客户,获取客户流量。传统的营销主要以内容媒体获取用户流量,随着社交网络越来越发达,各种需求场景越来越丰富,获取用户流量的渠道也变得多样化。根据获客渠道的来源,可把流量分为公域流量和私域流量。

1. 公域流量

公域流量指不属于个人,公众所共有的流量,包括广告公域、内容公域、微信公域、线下公域等。广告公域包括新闻媒体及电商平台,如腾讯新闻、淘宝、京东、拼多多等,可通过买广告位获取流量。喜马拉雅、抖音、知乎、得到等都是内容公域,可通过优质内容获取流量。微信公域通过搜一搜、视频号等获取流量,线下公域通过商场推销等场景获取流量。公域流量的流量巨大,可以持续不断地获取新客户,营销内容可以触达百万、千万级别的公众,但是我们很难多次触达这些用户,转化率较低,且随着平台的发展,公域流量的获取成本越来越高。

公域平台分析

平台类型	代表平台	引流方式	优势	不足
新媒体	头条	精准投放	受众广,活跃用户多,平台有推荐算法	受众精准度不高,需要结合用户画像进行精准投放
垂直商城	安居客 贝壳找房	广告投放	受众精准度较高	平台以线下渠道的方式推荐目标客户
社交平台	微博、小红书 微信	内容运营+KOL 精准投放+直播 +短视频运营	受众广,活跃用户多,可以做垂直流量,受众非常广且用户活跃度非常高	需要有持续的内容运营,对于房子这种低频消费的商品较难,KOL费用较高朋友圈投放、短视频运营缺少推荐算法
传统互联网搜索引擎	百度	精准投放	受众较广	与消费场景结合度较低
短视频平台	抖音 快手	短视频运营 +直播+KOL	受众广,活跃用户多,可以做垂直流量	需要有持续的内容运营,对于房子这种低频消费的商品较难,KOL费用较高
线下	电信运营商与位置服务商合作	LBS位置服务	受众可以很广,可以较精确地进行位置定位	准确度与引流量依赖数据源的丰富度

2. 私域流量

相对于公域流量,私域流量可被定义为沉淀在品牌或个人渠道的,可随时及反复触达的,能实现一对一精准运营的用户流量。私域流量[1]被定义为一种流量体系的阶段分层,本质是企业能够自主掌

---

[1]　私域流量观察主编 弯弓研究院院长梅波,《如何建立线索型的私域模型》,《私域流量观察》,2022 年

控的数据资源，也是品牌（IP）对用户（粉丝）数据的私有化行为，目的是通过用户资产运营和生命周期管理，提升运营效率，实现用户资源的低成本高触达，以及多层次转化。

私域流量营销指通过引流用户到私域、满足用户需求、运营用户关系以实现产品或服务交付与品牌收益增厚的组织功能或手段。本书对私域流量的研究范畴为广义范畴，即包含品牌自有触点、去中心化平台触点及其他公域平台的私域入口，比如自媒体、用户群、微信号等，也就是 KOC（关键意见消费者）可辐射到的圈层。

私域流量有三个重要价值标签，分别是关系、渠道和资产。从关系角度，私域是在互联网的碎片化环境中，企业和用户之间的信任建立、数据确权和关系锁定；从渠道的价值来说，私域是以用户为核心建立的一种直达渠道，这种方式是一种新型的营销路径，是销售增长的第三极，也代表着私域在企业中的显性价值；而从资产意义上，则代表着私域的终极价值。因为从本质上，我们并不能拥有用户，而用户数据、交易数据、内容数据，以及由此形成的消费洞察和产品创新服务，才是核心。

私域的发展过程，也是各行各业循序进入的过程。私域流量发轫于 2018 年，随着数字化变革的冲击和营销技术的不断迭代，私域流量的行业渗透率也不断加深。2021 年之后，由于疫情影响和存量竞争加剧，私域流量进入了一个新的发展阶段，不仅美妆和母婴这些竞争激烈、需求迫切的行业在关注私域流量，房地产、汽车、制造业等消费低频的行业也都开始关注私域运营。甚至那些强调"渠道为王"的大快消产品，也开始探索私域的打法。

目前这个阶段，我们称为泛私域时代。泛私域的出现，本质上是因为数字化重构营销底层之后，各行各业都在寻找新的营销范式。只是，由于行业特点不同，产品消费特点不同，每种行业都有特殊的目标和抓手，相同的方法并非完全可以复用。我们必须从不同的企业画像入手，找到属于自己的打法，形成自己的营销画布，这也是泛私域的价值所在。

因此，泛私域是私域流量的深化，也是我们以用户为核心，通过数字化手段，对不同行业所形成的针对性解决方案。泛私域主要分为三种，即强私域、线索私域和经销型私域。强私域适合互动性强、互动性高的行业，线索私域适合购买频率低、互动性低的行业，经销型私域适合高频率购买、互动性低的行业。

2022 年 8 月，弯弓研究院发布了泛私域应用波力图，展示了该阶段头部品牌的私域渗透趋势和行业传导过程。该图对强私域、线索型私域和经销型私域的发展现状进行了描述。按照圈层和发展阶段不同，三者呈现出波纹状扩散特征。可以看出，波心的强私域是最先爆破点，目前已经处于调整期；第二层受影响的是线索私域，正处于布局期；最外层的经销型私域受到影响最小，则处于探索期。

线索型私域是以线索孵化为主要目标的私域运营状态，客户的消费类型一般具有低频和低互动特征。由于该品类消费的使用长期性和高客单价性质，客户购买产品通常注重功能和产品比对信息，以及第三方的客户证言。基于此，线索私域的营销行为通常前置，获取线索机会并进行孵化是这个行业的主要特征。从波士顿提出的品类地图来看，汽车、房产、3C 都属于这个类别。

在弯弓研究院发布的线索型私域链路图中，把私域运营分为触点、运营和价值三个飞轮。其中，触点飞轮的构建也是在线上和线下进行，线上包括了搜索转化和基于社交媒体的内容营销，线下则是各种会议和沙龙活动。尤其要强调的是，对于 B2B 和耐消品企业来说，尽管社交媒体的应用已经非常广泛，但基于人和人之间的传统模式——转介绍依然是核心而有效的方式。只不过，在进行转介绍的过程中，所用来承载的信息工具发生了很大的变化。

在线索私域的运营飞轮中，如何鉴别线索，并通过有效的线索孵化，把冷线索变成热线索，最终把合格线索给到销售部门，是线索私域的主要工作。而为了使私域运营更高效，通常需要配置专业的销售开发代表（SDR，Sales Development Rep）人员，并通过各种 B2B 营销工具进行赋能。

这样做可以达到三个目标：一是在决策端更精准，基于用户长期的行为数据，建立实时与精确的用户画像（user portrait）；二是在销售端更高效、自动化管理销售线索，通过多个触点免费地、反复地触达用户，实现水滴式营销（drip—marketing）；三是在运营端更长期主义，发掘消费者的长尾（The Long Tail）价值，通过用户互动频率的提升，推动用户自发分享与传播。

那么，房地产作为线索型私域的一个品类，在私域运营中的关键是什么呢？《私域流量观察》认为重点有三个方面，即触点布局、用户洞察和内容催化。

我们知道，在中心化营销时代，房地产推广的主要方式是广告＋活动，依靠大量广告轰炸，形成良好的品牌形象，然后再通过各种活动营销实现转化。但是，随着移动互联网发展，信息碎片化已经严重影响广告到达率，营销效率大不如前。因此，通过有效的触点布局，找到高效的线索转化路径，已经成为房地产营销中首先要思考的话题。

从目前的市场应用来看，房地产触点布局主要分为四种方式，分别是专业渠道、精准投流、转介绍和老带新，以及地面推广。毫无疑问，贝壳和安居客等专业渠道的崛起，是当下房地产营销最大的变量，也是效果最好的流量入口。像旅游行业的在线旅行社（OTA，Online Travel Agency）平台携程一样，专业渠道聚集了大量需求用户，能够有效帮助一、二手房实现精准获客。并且，由于贝壳等平台都有自己的线下门店，实际上形成了线索孵化的补全和增强，不仅可以满足线上信息的搜索留存，而且可以通过社区门店互动，实现全方位用户运营。

当然，对于房地产项目而言，要做到真正的精准营销并非容易的事情，必须借助有效的营销技术工具，比如通过企业微信添加好友留存用户，比如通过 SCRM 实现客户关系管理，比如通过 MA 系统实现内容、标签和数据的自动化运营等等。使用这些工具的意义在于，一方面可以建立一个线索孵化池，和目标用户保持密切的双向联系，并仔细洞察用户的消费行为；另一方面是通过数据分析，及时掌握用户动态，抓住每个转化的机会和窗口。

在用户的转化中，内容起到非常重要的作用，是私域转化的催化剂。在传统的营销中，房地产能够用到的手段不多，无法产生交互的广告，以及投入不菲的活动，是最为主流的内容转化方式。目前，线下活动依然是私域营销中的重要手段，但借助互联网进行的丰富而多元的交互，已经成为新手段。比如通过短视频拍摄形式多样的内容，向目标用户展示不一样的产品故事，比如通过直播间进行产品推广，让私域人群获得下单优惠的机会等等。

私域运营中，营销技术应用的最大好处，是让我们的营销行为不再瞎子摸象，而是通过大量的用户行为研究，真正了解到用户的需求和关切，从而做到有的放矢。对于房地产商而言，这样的洞察同样意义非凡，毕竟，在一个数字驱动下的用户中心化时代，传统的"漏斗式"打法终将过去。面对"流动的消费者"，建立品牌和用户之间的"私域关系"，正在成为未来营销的基本盘。

3. 基于企业微信的公私域流量融合

房企如何建立自己的"私域流量池"呢？

有的企业花巨资构建了在线售楼小程序，准备开启线上智慧营销，但实际产生的价值却又大大低于预期。究其原因，是房企对流量、对私域、对小程序存在误解。

私域是基于社交属性的运营，一定要基于人与人的社交属性进行搭建。"小程序"作为2017年腾讯推出的一款现象级产品，它降低了企业再触达用户的成本，高效地解决了在零售行业触达用户后如何完成交易转化的痛点和需求。因此很多房地产企业也将小程序作为私域流量池的重地。

但问题在于，私域是基于人与人的社交属性构建的，而小程序社交属性是比较弱的。房企想基于小程序把私域运营好，并不容易，很多"小程序"出现了没有广告投入小程序就犹如死水一般寂静、有广告投放小程序就活跃一波的现象。还有很多房地产企业觉得自家小程序有用户，这不就是私域运营？事实上，并不是构建了在线售楼的"小程序"，就解决了流量问题与智慧营销的问题。

要搭建企业私域运营流量的新引擎，先要了解，流量入口在哪里？什么样的流量生态平台适合搭建企业的私域流量池？用什么工具来承载私域流量？

客户在哪儿，流量入口就在哪儿。抖音？头条？微信？安居客？贝壳？流量无处不在，但是，房地产企业怎么搭建私域流量池呢？刚才说过私域流量的核心一定是基于社交属性构建起来的，这样来看企业微信作为微信2019年底推出的一款产品，不仅解决了企业内部人员的管理办公的问题，最重要的是它还连接了微信这个流量池，并通过企业微信为客户提供一对一或多对一的有温度、有情感、具备社交属性的沟通和服务。

企业微信作为唯一可以与微信互通的企业级商业通信软件，聚合了微信个人化快捷服务、社群批量运营以及服务号群发内容推送等多维度运营能力，是私域流量运营的首选工具。从私域布局渠道看，微信及企业微信是品牌主发力私域的主要阵地，分别有78.7%及53.2%的品牌主布局；从传统营销、狭义私域到基于平台私域出口的营销，内容电商直播的发展潜力也不容忽视 [1]。企业微信不断更新迭代，拥有大量的生态合作伙伴，未来企业精细化运营很难绕开企业微信数字化生态。

截至2022年的年中，个人微信官方公布的个人用户月活为12.99亿。而2022年企业微信4.0新版发布会上公开的最新成绩：企业微信上的真实企业与组织数超1000万，活跃用户数超1.8亿，连接微信活跃用户数超过5亿。企业微信团队同时披露，每1个小时，有115万企业员工通过企业微信与微信上的用户进行1.4亿次的服务互动。

企业微信作为唯一可以与国民应用微信进行无缝连接的企业应用软件，成为智慧营销的必争之地。而腾讯生态开放的商业环境，成熟的API体系让企业微信作为客户运营平台成为更理性的选择。

而2021年企业微信提供的微信客服能力，进一步打破了平台壁垒，只需要预先配置的一个链接，就可以在App、网页、小程序、视频号中集成客服能力；在客户尚未添加企业微信的时候，就能够通过微信客服的间接对话实现在线咨询，从而实现了真正的跨平台连接和客户转化。

1　艾瑞咨询.2021年中国私域流量营销洞察研究报告 [R].https://m.thepaper.cn/baijiahao_14621566

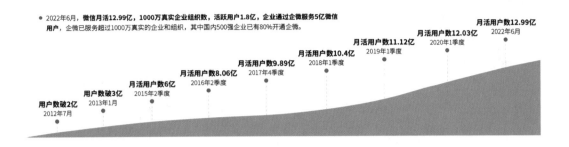

2022年6月，微信月活12.99亿，1000万真实企业组织数，活跃用户1.8亿，企业通过企微服务5亿微信用户，企微已服务超过1000万真实的企业和组织，其中国内500强企业已有80%开通企微。

私域流量并不代表可以免费获取，需要不断从公域渠道引流，以维持私域的活力。想要做好私域流量池，只有公域私域联动，促使流量融合，才能实现高效的客户引流和沉淀。公私域流量融合后，公域线上投放＋线下拓客，私域运营以及客户沉淀需要在一体化开放式系统平台上完成，以便对客户进行全生命周期的跟踪服务和智能化运营管理。

企业微信 3.0 在 2019 年发布以来，快速改变了原有的私域运营和客户关系生态。它与微信之前的服务号不同，客户与企业的关系已不再是关注粉丝关系，而是建立在更稳固的关系基础上。无论是单聊还是群聊，或者通过企业微信朋友圈的展示，都可以引流客户并建立属于企业的私人流量。同时，这也为客户提供了更好的服务，体现了企业微信"人即服务"的理念。

通过营销获取客户是企业的一项重要任务，但如何将流量牢牢地控制在企业自己的手中，始终为我所用，并不是一件简单的事情。众多企业拥有自己的公众号、小程序等，即使一时吸引了目光，如果其内容不够优质，客户轻则屏蔽消息，重则直接取消关注。这样的情况，促使今天的企业微信和商家转变思想，将流量思维升级到"留量思维"。所谓留量思维，是企业微信把客户存留在企业的私域流量中并持续经营，企业随时可以找到客户，并和客户互动，由此来进行更为有效的客户维护工作。这样才可以沉淀客户资源成为企业的资产，进而协助市场的增长。

企业微信中的客户标签，进一步为客户精细化运营打下了基础。在由管理后台统一管理的标签体系中，不断通过触达客户为客户自动置标，积累客户数据，为客户的分层精细化运营打下了良好基础。

公域引流 + 私域运营

二、AI 赋能内容生产与推广"获客"

智慧营销覆盖了销售拓客、展厅接待、营销活动、内容投放等场景，房企如何将公域流量转化为私域流量，并实现线上的主动触达、用户精耕、需求挖掘等成为关键。AI 赋能内容生产与推广"获客"就是要把客户服务作为品牌价值体现和转化的重要手段，将智慧营销聚焦到客户服务过程中的每一个接触动作上，将客户的每一个触点动作数字化，由此搭建客户资料库，进而找到客户真正的需求。

1. 技术赋能，实现无感获客、精准锁客

AI 技术赋能的智慧营销工具，是一个自感知、自行动、自激励的载体，它可以找到有意向的人，然后跟客户"对话"，让获客、管客、跟客不再难。精准公域、私域裂变留存，线下流量聚合，营销相关多系统打通，更好地利用和融合流量。AI 辅助线上到线下导流，AI 辅助客户跟进转化，AI 辅助客带客促成，覆盖到访接待、活动召集、量房通知、效果图发放等全流程，真正减少营销人员重复性劳动，实现营销数字化智能升级。

例如，用"满意度调查问卷"作为内容打开营销口，利用技术赋能多渠道引流、制造好感、激发社交裂变，互动促成购买，深化客户忠诚。其作用好比一棵大树的树干，在良好地运营下不断开枝散叶。

定制化调研问卷小程序。利用小程序为载体，以"半引导式"的问题海量拓客，潜移默化地输出项目价值，并针对全渠道的电话获取，根据这一阶段的用户的留电场景，通过音乐节活动口径，精细化电联，实现一人触达，多人到访，到访效果最大化。

通过利用系统分节点小额激励。如大转盘互动游戏、内容图文、有奖问卷，分享激励等来激励超级传播者，刺激客户主动裂变传播，促进客带客。问卷内容改变，拓客码不变。

OMO 万物万码，多方位全领域进行辅助宣传，传播时基于传播关系链将销售与用户即时绑定，使客户来源有据可查，并根据用户授权，获取到客户信息和偏好，实时监测数据情况，实现商机轨迹及时跟踪。如将活动链接、宣传软文、项目近期活动以"神码图"的形式放置在销售中心，配置激励引导线下客户参与活动，关注项目信息。承接线上流量的同时，可将线下的精准客户引流到线上，形

成精准用户线上裂变传播。配合线上会场的活动，各个项目也搭建了线下活动场景，很好地承接了线上流量的转化，同时提升了客户的体验。

2. 内容赋能，提高参与趣味感，降低参与门槛，缩短参与链路

AI 技术的出现提高了内容的生产、管理、匹配、加载、互动效率，使营销内容多样化，吸引和影响用户。首先，房企通过 AI 技术生成内容，包括图片、短视频、小游戏等，满足"多人多面多场景"的更高需求，增加与客户的互动。其次，房企通过 AI 技术助力内容管理，实现内容自动化校对 / 勘误和安全审核。然后通过自定义内容库，按照流量池客户画像主动发现和引导意向客户，直接与销售员联系起来。

房企根据项目和城市的营销场景定制相关功能，通过前宣线上赋能、释放活动信息触达用户，以问卷调查、软文、海报、互动游戏、抽奖等形式，在不同的时间节点，突出不同的活动主题以及活动主画面，激发客户参与积极性，降低客户参与活动的疲惫感，提升参与的趣味性。

适时穿插、传递项目区域、交通、配套等价值点，落地客户意向判定，设置服务号私域流量收口，增设用户标签，为到访闭环做充分准备，实现私域流量的有效导流。

3. 场景赋能，多场景获客玩法，升级体验，多方位圈层引爆

智慧营销通过多场景内容获客的组件和玩法，将日常营销物料变成 Smart 获客工具，让推广获客更加智能化和精准化，打爆私域流量，让好品牌轻松获得很多客户。基于 AI 内容创意策划体系，搭建房企的数字化内容获客体系，具有超多场景营销获客组件和玩法，比如基于"神码图"的海报获客、基于企业微信的电子名片获客、基于企业微信的线下活码获客、极具地产行业特色的霸屏活动获客和公域可信投放获客服务等。

多种场景获客玩法，轻松组合升级，改变内容"单向传播"的困境，将互动内容与客户项目、销售、活动一键连接，通过线上线下营销实时洞察客户行为，回流有效销售线索至业务员，实现"品销合一"。

4. 创意内容营销——内容图像化、视频化、直播化

对于任何寻求显著增长的企业来说，对创新营销理念的需求都至关重要。为了保持相关性，企业需要超越传统实践的创意营销策略。获得创意意味着企业可以以新的方式吸引受众。

1）向所有内容添加视觉效果

图像非常适合分担文本繁重的内容，使文章更易于阅读。人们喜欢看图片，视觉内容平均比纯文本内容多 94% 的浏览量。而且，引人注目的视觉效果可以吸引用户点击并阅读。如果企业在社交媒体上有粉丝，可以发起摄影比赛，邀请粉丝发送企业可以在内容中展示的照片和图像，在企业的社交媒体渠道上产生更多的参与度。动图也是出色的视觉辅助工具，可以帮助企业通过录制的视频解释内容中的信息或步骤，这非常吸引用户。

我们喜欢可口可乐博客中这些引人注目的视觉效果，它们完美地分解了一块文本，并将客户的注意力吸引到帖子上。

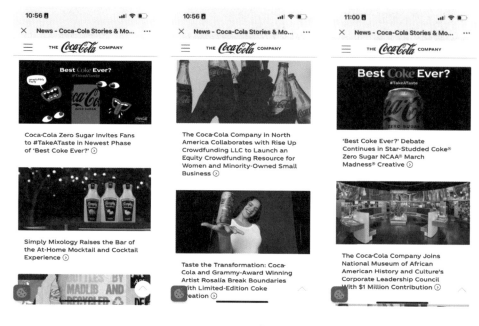

可口可乐

2）使用信息图表、图表和图形

信息图表、图表和图形等视觉对象非常适合在一张易于理解的照片中显示项目的详细信息。可以简单地使用幻灯片，也可以使用数字营销机构（如 WebFX）的自定义信息图表。通过图形或图表，可以轻松展示企业项目的信息，用户可以轻松可视化企业正在呈现的信息。

好时公司

好时公司在数据处理、数据分析和数据展示方面做得非常出色。此信息图非常适合展示他们的可持续发展战略，其中包含大量图像和颜色，既赏心悦目又易于阅读。如果您想为客户提供引人入胜的内容，则必须结合信息图表这样的图形。

3）内容视频化

视频作为营销策略的一部分可以有效加快潜在客户的转化，视频营销之所以有效，是因为用户发现视频比文本更容易观看，这意味着消费者可能会在页面上花费更多时间。此外，大约 90% 的消费者表示，视频帮助他们做出了购买决定，因此是时候考虑在营销活动中使用视频了。

抖音、快手、微信视频号等短视频、直播平台，在流量和内容质量、数量上取得了爆发性的增长。通过口播、快剪、自动配音配字幕的方式，可以迅速完成内容视频化；还有"虚拟人"技术和聊天机器人的技术突破，使得视频内容制作的门槛快速降低并大众化。我们有理由相信，视频将成为地产营销内容最重要的组成部分。

三、全民营销与异业协作获客

全民营销，顾名思义就是任何资源都可以成为你的销售渠道，任何人都可以为你传播品牌、为你带货、为你实现成交。全民营销是互联网发展到一定阶段，和地产界面临的困局共同碰撞形成的产物，可在一定程度上，降低开发商去库存的压力。全民营销从概念提出到行业实践已超过十年时间，在这个万物互联的大（大数据）、智（人工智能）、移（移动互联网）、云（云计算）、链（区块链）时代，做好这件事绕不开私域部署，绕不开内容流量融合，绕不开智能化系统工具，绕不开增长运营服务。

地产行业特性使然，一件单价在百万、千万级别的商品完全可以把营销贯穿于"事情的各个方面"，把整合营销、关系营销、内部营销和社会责任营销等统一在一个视野下完成。全民营销真正做到了让目标用户在无感知中注册成为经纪人，同时以内容为载体，以全民参与营销为理念，用多种虚拟奖品形式在过程中激励用户，将潜在的客户信息源源不断地推入企业，带来大量意向，有效解决"找不到、进不来、搞不定"的难题，帮助企业建设自有客户池。

1. 房企全民营销的核心

房企全民营销的核心还是"人"，有营销能力的"人"（经纪人、员工、老业主），这些就是全民营销的"种子选手"；"老带新""客带客"的效果在房地产营销中特别带感。一则维护一个老客户比发现一个新客户的成本节省数倍，二则用老业主带动新用户，强关系推介，成本可控，转化效率高。

数字化赋能全民营销，让无感知注册、双向激励、线索报备、邀约上门成为自动化推进，让"来福茶馆"生意兴隆，一方面"摆开八仙桌，招待十六方"，另一方面"来的都是客"，不用再"全凭嘴一张"，让"全民"既有面子又有里子地帮你卖房，简直是躺赢。对于房企来说，依靠"全民"的力量，可迅速积累有效客户，快速去中心化。

区别于以往营销方式，全民营销系统以内容赋能＋虚拟礼品双向赠送，让用户在无感知中成为传播推广人，利用互惠心理，完成定向人群的圈层全民营销，从源头解决传播难、报备少的问题。并且在内容分享—好友浏览—发现线索—赠送礼物—领取礼物—获取线索—推荐人领取礼物—AI 外呼的全流程链路中，更加场景化、数字化、互动化、智能化。

● 借力

让您轻松整合专业经纪人、全民经纪人、员工、以及业主，让所有人都帮您卖房

● 给力

不仅仅提供全民营销的工具平台，通过优化协助关系和赋能，还真正做到了多角色共赢，最大程度去化

● 蓄力

建立企业自己的私域流量池并逐步挖掘自己的客户，提升传播效果和效率

● 省力

经纪人通知自动化，广告效果可量化，营销策略可调整，销售过程可追踪，用户信息可挖掘

1. 房企全民营销的核心

房企全民营销的核心还是"人"，有营销能力的"人"（经纪人、员工、老业主），这些就是全民营销的"种子选手"；"老带新""客带客"的效果在房地产营销中特别带感。一则维护一个老客户比发现一个新客户的成本节省数倍，二则用老业主带动新用户，强关系推介，成本可控，转化效率高。

1）无感知注册

全民营销概念推行了数年，但行业里普遍共识难度较高，除了职业经纪人，普通 C 端用户需要在平台先注册成为全民经纪人，才能获得推广资格，受门槛高、过程体验不好、营销能力不足且信息不对称等问题困扰，参与意愿和活跃度极低。而全民营销系统2.0通过将传播内容赋能，提高民众分享欲望，并通过奖励获得推荐人手机号，完成无门槛注册。

2）双向激励

全民营销的佣金激励很重要，很大程度上决定了参与的积极性。以往全民营销的佣金仅限于成交，而全民营销系统2.0按效果实时激励，按点击量、获电量、报备量、到访量和成交量多节点双向激励，推荐人在给好友赠送礼品后，自己也可选择奖品。且激励形式丰富，大大提高了传播意愿。

3）线索报备

丰富、创新营销工具和传播场景，让个人传播不再困难。再利用互惠心理，用户传播意愿极高，形成大规模的影响力，获取客户。AI 智能精准报备线索，若有好友电话，推荐人输入好友手机号给好友发礼品，推荐人也可领取奖品，这样就形成了线索上报。若无好友电话，推荐人可将礼品链接转发给好友，让好友填写，再领取奖励，形成线索上报。

2. 房企全民营销实践

YQ 科技公司作为国内最早实施移动端全民营销系统的高科技企业之一，积累了大量开发和实施经验。基于行业目前存在的注册经纪人少、分享意愿低、销售线索少、获客难等营销痛点，独创 AI 全民营销系统 2.0，真正破解大渠道依赖，让所有有心人帮你销售，轻松友好调动资源，彻底打爆"客带客"。理想的全民营销是全民参与传播推广，全程过程性激励，智能获取营销线索并自动化跟进。

以 YQ 科技公司服务过的某项目为例，传统的全民营销仅限于客户报备和判断客户，并没有解决发现潜在客户的问题，而绝大多数业主和员工无法轻松发现身边的潜在客户；佣金激励仅限于成交，且领奖门槛很高，普通客户对此无感；没有足够好的软文推广内容协助普通客户影响和发现身边的潜在客户。面对这些痛点，YQ 科技公司定制了一套"客带客""老带新"智能营销获客服务方案。

以业主为核心抓手，投入资源聚焦，借助客户以及项目和城市的微信平台，以丰富多彩的圈层活动、全方位的价值传递，及时传达在售项目信息和多种形式的社区互动活动，线上线下结合，促成老客户的关注和回归，增进与客户之间的长期黏性，拓宽项目自有可控的私域流量和影响力共享平台。

并且基于智慧营销获客系统的互动洞察能力，为老客户的目标动作和绩效进行定价，激励覆盖分享、浏览、留电、咨询、到访，多阶段按绩效进行付费。且 AI 实时发现员工、业主社交圈层里的意向客户并推进报备，此次全民营销活动最终获得了不菲的效果。

这样的合作案例不胜枚举。参与门槛低、智慧传播轻松发现线索、分阶段激励实时结佣、支持泛经纪人和职业中介，YQ 科技公司 AI 全民营销 2.0 系统在多家全国排名前十地产公司的项目销售过程中迅速把"传播—到访—成交"打爆，获得了令人惊喜的效果。

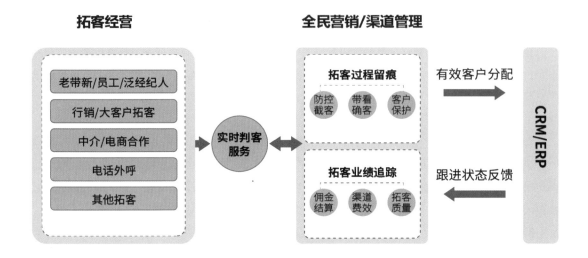

3. 异业协作获客

如何用更少的成本，获取更多的客户，异业营销就是一个突破口。在获得高质量客户的同时，营销成本被分摊，反而更低！选择相似客户进行双方或多方协同获客的跨界合作，如今已经有了现成的工具，房企异业合作获客，用户是纽带，跨界合作是形式，客户交叉渗透打通是目的。通过异业合作，房企能够轻松获得：

统一导入的精准公域流量，提升 ROI；

内容营销裂变的私域流量（基于工具赋能），汇聚圈层流量；

线下多场景的流量导入；

不同商家交叉导入产生的新流量汇聚和导入。

房地产行业天生就重、慢、少，那么就可以寻找一些同样高净值、高总价且重、慢、少的行业进行客户资源协同共享，比如可以和高端品牌车、高端家私品牌、奢侈品品牌、家装品牌进行异业合作。

举个案例，YQ 科技公司在上海通过星盟这个体系把星河湾、迈凯伦和 Burberry 等品牌跨界连接起来，大家都属于高总价、调性很高、客户群体受众属于金字塔尖的产品品牌。

迈凯伦车友会、星河湾业主、Burberry 高端会员群三方跨界合作、联合营销就发生了一种化学反应，形成了多赢格局。

其一，对每一方而言，都用了更少的成本，覆盖更多的准客户，让品牌活动更精准，更有规模效应。核心在于客户群是匹配的，举例而言，如果是总价 500 万的房子可以和宝马奔驰跨界合作，如果是 1500 万的房子就可以和迈凯伦、法拉利跨界合作。

其二，对用户而言也是一种价值，三方各自的客户本身就对其他两方有潜在的需求和关注点，不排除交叉销售的可能，或者本身对单方用户就是一种增值服务。

其三，同为高端客群，三方并不需要获取对方客户的电话、微信等私人信息，比如开 1500 万的车的人不会给你电话，但是这并不妨碍交叉客户触达和销售的可能。比如让用户自己决定是否到合作方享受服务，但是你可以在联合营销活动中通过营销优惠活动和服务引导他们。

同样对地产公司而言，只要判断客户是迈凯伦车主，任何时候去项目看房子，都可以派车接待，这并不吃亏，因为客户购买的可能性比较大。

四、量化营销效果助力精准营销

"是什么导致客户的最终成交？"这是每个市场营销人员都非常关注的问题。数字化时代，消费者能接触的渠道、设备越来越多，营销活动分析也变得越来越复杂。某一个或某几个营销活动吸引、转化客户的效果，以及是否促成了客户最终的购买决策，这种分析就变得至关重要。

基于客户全生命周期的房地产企业智慧营销方法论，能够助力房企精准衡量不同营销渠道的转化效果，评估其对最终转化目标的影响及对应的贡献价值。自动分配不同渠道的业绩贡献，从而进行合理的业绩绩效分成。优化营销预算分配，合理分配营销费用，找到最优营销渠道组合，最大化 ROI 和提升营销转化率，减少无产出渠道的资源分配。识别作弊渠道，降低欺诈损失，全渠道跟踪用户行为旅程，依据线索转化的历史轨迹发现异常，并能追踪辨别疑似作弊渠道。

1. 量化营销效果的步骤

将内容营销数据可视化，可精准量化分析营销效果。量化要基于可采集、可追踪、可测度、目标明确、内容明确、时间明确的原则，具体可以分为以下几个步骤：

1）制定营销活动目标

营销活动的目标通常可分为如下几个类型，比如品牌影响力、产品销售、客户触达、客户互动、客户留存等。如果一次营销活动有多个目标，可以按照优先级排序。

2）针对不同营销活动制定目标 KPI

针对不同的营销目标应制定对应的 KPI。本书对不同营销目标对应的可量化的 KPI 进行梳理，如下表所示。

营销目标分类	可量化的KPI
品牌影响力	网站访问量、视频播放/转发量 社交媒体谈论量、搜索量等
产品销售	产品线上/线下销售量 相关产品销售量等
客户触达、互动	内容浏览/转发/评论/点赞量、订阅量、咨询量、问卷填写量等
客户留存	客户留存率、客户复购率、存量客户占比等

3）营销活动运营数据

房地产营销链条上的每个环节、角色都在生产数据，过去这些数据很难连通和共享，形成了一个个数据孤岛。营销数字化可以连通这些数据孤岛，通过大数据和云计算能力，沉淀和分析数据，让整个管理运营透明化、自动化。

	运营目的及动作	执行要求	涉及模块
活动前宣传预热	增流量：前宣推文传播裂变，配置互动抽奖模块，引流线下。 增粉丝：前宣3张海报图裂变，结合推文和互动福利，提高留存用户基数。	各项目种子用户执行传播，运营每日数据监控各团队传播情况；用户各触点文案设计调整，引导关注及传播分享。	流量运营 用户运营
活动上线	增裂变：设计游戏营销H5传播裂变，全推激活+种子用户传播。增留资：多种互动形式高效获电，储备客资。客群获取/意向唤醒：设计购房券、项目展示窗引流小程序，及时获取充分销售展示及促销转化页面。	运营实时监控线上线下传播数据效果，及时修正调整运营动作；监控传播情况，引导精准定向传播覆盖，重点圈层客户及再跟进意向客户。	
AI外呼跟进	增到访：AI外呼+人工电联结合，友好约访案场，通过话术筛客辨客，线下高效跟进精准意向客户。	AI外呼科学合理节奏安排，及时回收客资情况，根据电联数据反馈调整话术，及推进下一轮电联。	活动运营 用户运营
线下收客	促转化：引导线下访客扫码参与线上活动，案场促销手段结合加速筛选转化，同时引导参与口碑传播及注册全民经纪人。	案场接待流程：引导客户走完场看房动线；领奖核销/参与传播。	裂变运营
意向转化	增留存：活动回顾+借势节点福利推广赋能，全推再次激活用户，促进留存。	图文加强促销、推广信息输出仅全推一次，其他流量裂变以销售主导。	用户运营

4）出具可视化营销效果评估报告

可视化营销效果评估报告，不仅可以解决前端销售获客的问题，还能实时通过企业微信反馈客户的需求以及客户行为数据，让销售可以更精准地营销，让营销也变得更加有温度。

比如，营销后台会自动生成内容营销的效果评估报告，同时根据评估结果进行复盘，有针对性地进行原因分析。根据分析所得原因对内容策略及传播策略进行修正和优化。值得注意的是，定期观测内容指标的平均值对内容营销是非常有帮助的。比如，统计一定时间范围内某一个内容评、转、赞的平均数量，可以横向对比不同内容和内容组合之间的平均数量并进行分析；或者追踪某一内容在一段时间内的趋势，以查看内容是否比其他月份表现得更好或者更差。

这个可视化营销效果评估报告很关键。通过可视化营销效果评估报告，房企可以知道自己的策划、渠道、销售打法哪个是最有效的？兄弟城市公司哪个做得最好？好在哪里？每个销售和策划可以看到自己和集团第一名的差距在哪些维度？在周会上，集团一、二、三名做得好的进行案例分享，而做得最差的也可以做反思总结，最终形成一个数字营销案例库自动沉淀在公司平台上。每周做复盘总结，排前5名的案例就可以做沉淀。一年下来营销组织就可以完成50多次复盘，相当于一个组织迭代了50多次！

2. 量化营销服务实践

智慧营销体系从内容创策、传播推广到客户转化成交，提供多元、完整、实时的绩效评估机制和工具，改变过去策划和销售脱节，项目和集团脱节的营销管理现状。且全渠道全内容形态的实时洞察、线索抓取和按效果付费，什么人，在什么地方，看了什么内容，用什么设备，是否有兴趣，是哪个渠道，谁带来的等内容传播趋势、受众阅读兴趣、客户活跃区域、客户转化情况、内容裂变过程、销售员工龙虎榜，都清晰可见。可量化有效服务，让营销科技直接贡献营销业绩。以 A 房企霸屏活动量化效果分析为例：

A 房企进行的"一折购"等霸屏活动有其独特的地产行业属性，短短 3 天不到的时间就获得 2600+ 组的留电信息。

1）数据总览

结合增长模型，从前端获取电话到最终实际到访，不断优化转化流程，提升各个环节的转化率。

2）活动传播

发挥 KOL（关键意见领袖）、种子用户（案场销售人员、渠道商、老业主等）的裂变传播效应，分享人数占参与人数的比例达 25%，说明分享人员对活动中的激励设置的反馈比较积极正向。这里需要注意的是，种子用户的质量和数量对活动效果有直接影响。

3）裂变层级

此次活动，用户传播裂变层级最终达到 30 层，活动过程中间第二层和第三层传播效果较好，通过活动中的逻辑设置及引导激励，第二层和第三层累计吸引种子用户 7 倍以上的人数。

4）策略调整

任何一场活动正式上线之后都需要结合实时情况不断做调整动作，这样才能持续观察、发现问题、优化效果。营销运营团队在活动过程中，做好数据备份，及时记录，方便后期排查和汇总。最初预估获电 1500 组，结合活动实时效果数据，前后 3 次预算调整，在活动周期 3 天不到的时间内，最终获电 2600 以上。

五、智慧营销获客的价值优势

1. 智慧营销获客价值

"真"内容方案。助力营销打赢关键节点，用最佳实践结合具体项目营销场景和品牌文化，打造妙不可言的社交化内容营销方案。

"全"渠道覆盖。用活动打通所有私域和可信公域渠道，支持最多两万个专属链接和二维码，精准核算每个渠道的推广能力和转化效率，使活动效果最大化，更能帮企业找到 KOL 和 KOC，建立真正的"自媒体"矩阵。

"准"导流转化。通过内容营销活动，快速建立起活动潜在客户的流量池，再基于客户意向级别进行筛客，有效导流，精准转化。

"广"裂变传播。通过精致的设计、强大的绩效激励能力，营造良好的活动参与体验，轻松引发裂变传播，让所有员工伙伴和客户发自内心地参与和转发。

2. 智慧营销获客优势

优势一："呼朋唤友"的精准营销体系

独家精准按绩效奖励机制，让每一位参与者心甘情愿地成为你的推广大使和产品销售。

优势二："有情有趣有利"的活动最佳实践

每一款玩法都是精挑细选，精心打磨。设计文案可以结合项目及品牌调性，霸屏每一位用户的社交圈。

优势三："赢在起跑线"实操过程把控

深谙活动流行规律，关键节点霸屏营销，多方位迅速引爆，稳健风控，量化复盘。

优势四："AI参与"降低筛客导客工作量

AI发现意向客户，AI提供活动效果，AI对留电用户80%发送短信，AI联系客户导流至案场，有效地降低活动团队工作量的同时，提升到访转化率。

3. 智慧营销获客案例

从消费者场景来说，中小地产企业的数字化水平已经落后于消费者的数字化生活；比如行业无法直接连接消费者，只能通过第三方平台、线下销售渠道等间接方式触达用户，这样做的结果必然是隔靴搔痒、无法直达人心。而消费者行为、偏好、决策等行为画像，行业更无法直接采集；目前采用的手段还是停留在传统的用户调查问卷、小组访谈、传单、线下广告等形式，效率低、效果差，数据失真严重。

下一步的发展，必然就是整个行业营销数字化、智慧化、AI化的升级，逐步追上用户端的技术应用水平，迅速实现与消费者的同频共振。综上，针对中小地产企业，前端业务部分，首要解决流量获客和客户转化效率，让企业做好赋能和管控，接着打通营销数字化闭环，为企业沉淀客户数字化资产，为业务提供正向驱动。

从趋势上来说，必须在技术上突破，通过好的技术应用来赋能企业的整体运营，来从底层逻辑上重组产品与用户之间的关系，以C端牵引M端（手机端移动端）。从前端业务提升转化，到后端客户数据沉淀，过程中捕捉客户画像，解决家装家居企业当下营销困局必须有一套有情有趣有利的解决方案。某中小地产企业面对获客难、转化率低等困局，借助第三方营销商先进的营销技术和经验共同制定了智慧营销解决方案,打造一套可以让一线业务人员拥有强大流量争夺能力的智慧营销获客系统。该智慧营销获客系统通过以下获客方式实现流量的高效传播裂变。

● 让归因数据覆盖所有营销绩效点:内容生产,传播推广效果,销售线索(咨询、关注、留电、到访、成交),接待满意度,客户转介等;

● 针对各价值点,自定义分阶段实时激励。对不同的产品/人群/城市/时点,制订不同激励策略;

● 双向激励阅读有礼,转发有奖;

● 快速配置红包文案、激励有效期等多种自动选项;

● 多点触达,快速、广泛、高频连接更多用户,一个月轻松做大三倍私域流量。

该智慧营销获客系统,以未来新营销的预见为根基,以营销智能化基础设施为定位,以营销科技和AI场景应用为抓手,以优化用户体验为优先产品原则,提升高净值行业触达用户—发现用户—理解用户—管理用户—服务用户—调动用户的战略能力,并与房企日常的营销策划、线上线下执行动作和组织内外的协调联动无缝融合,帮助其降本增效、提高客户转化的同时,持续积累运营客户数字化资产,实现"业务正向反馈"的创新飞轮!实践效果显示,该企业使用智慧营销获客系统后,首次软文推广活动在三天内触达客户 60000 余人次,首周线上留电超过 2000 组,到访 1200 多组,成交 6 组。

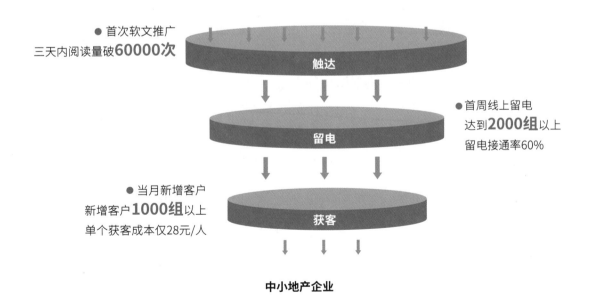

第四节 "管客"，准确地沟通和转化客户

智慧营销系统通过打通前台业务与中台管控，实现项目统一管理，系统数据对接，完善经营数据等关键节点的连接，在形成数字化闭环的同时，达成有效的协同和管理，从而赋能一线业务管理，深入解决"数据报表多、客户获取难、判客不精准，人均效能低、交圈协同差"等诸多营销痛点。

一、客户全旅程分析

客户旅程是指客户对企业的完整体验，包括所有渠道和所有与客户的交互[1]。

客户全旅程分析是指对客户体验周期的每个阶段（客户与企业在所有渠道的所有交互和动机）进行跟踪分析和预测，从而制定数据决策，为客户提供持续的优质服务，引导潜在客户转化。通过对客户旅程的拆解，可以分析客户在全业务链条触点上的体验和支撑客户旅程的利益关系，从而提升每个交互环节的客户体验。

1. 房企客户全旅程

对于房地产企业来说，客户旅程主要分为 7 个阶段：

了解阶段。在这个阶段，客户有购房的初步想法，但他们可能不知道如何选择，以及房企的产品是否符合他们的期望，但他们愿意进一步了解。此时，房企可以通过新闻、媒体等公域渠道投放广告信息吸引客户。

咨询阶段。一旦客户被公域广告吸引，房企将首次触达客户，即可进一步通过高质量的内容营销等活动，将客户沉淀到私域流量池。可能是推广内容，也可能是激励活动，这些触发了客户的兴趣，开始进入咨询阶段。

到访阶段。客户确定了房企品牌及产品后，他们将开始进一步去现场考察，以确认获得的产品信息是否真实，并深入体验房企提供的产品和服务。这个阶段，房企智慧案场要通过人脸识别、AI 管客等技术为客户提供精细化管理服务，并及时关注并跟进客户。

决策阶段。客户经过不断的比较分析，选择最高效用的产品，与房企达成一致并签署合同。这个阶段，房企应通过客户画像精细化运营，为客户提供更贴合的产品价值和更高品质的体验服务。

交易阶段。客户希望房企提供较为便捷的支付及贷款方案。这个阶段，房企应形成标准化的交易流程，并控制好交易风险。

交付阶段。客户希望能够尽可能顺利地完成交付。这个阶段房企应维持好客户关系，AI 自动关注客户，及时为客户提供交付动态，提供交房预约等服务。

物业及商业。交付完成后，客户还希望获得物业及商业服务等。房企应继续关注客户，不断通过线上商城等活动为客户服务，并通过激励机制唤醒客户。

---

[1] 吴俊，李焱，党莎 . 一本书读透 Martech 智慧营销 [M]. 机械工业出版社 . 2020 年 6 月

2. 房企客户全旅程体验管理

初次触达：王女士在奔驰本地车友的公众号里看到了某楼盘推出的异业合作酬宾活动，王女士对本活动和项目有兴趣，智能内容察觉到王女士的区域、设备和行为展现出高意向潜力，弹出来直购优惠看房互动引导，王女士觉得比较匹配，于是确认分享了联系信息。

客户初筛：当天晚上八点，王女士得到了智能短信的提醒后收到了智能机器人的电话。确认了王女士到访的预约时间，了解了王女士的意愿程度、户型、预算范围等。

到访引导：机器人给王女士提供了三个到访优惠：专车接访、看房打车免费券和自驾加油补贴券。分配了置业顾问李东服务王女士，并将李东的专属企业二维码和电话号码发送给王女士，王女士选择了自驾加油补贴券。王女士信息被发送到李东手机端的客户池。

到访接待：预定到访日前一天机器人以李东的名义给王女士发了提醒短信，确认王女士会如期到访，提供了停车以及补贴券领取的详细信息，到访后，李东迎接王女士在门岗进行了 iPad 录入，讲解了项目并赠送了礼券，过程愉快。

客户回访：王女士离开案场后，机器人当晚八点给王女士做了有奖满意度回访，王女士给李东五星评价，机器人给李东发放了 50 元满意奖金。同时，机器人引导王女士做了案场信息的社交分享，王女士获得 20 元电话费的激励，参与全民营销计划。

家庭带看：王女士给家人和闺蜜分享了本项目的良好印象，两位期待看样板房，但王女士母亲腿脚不便，闺蜜工作繁忙，大家约好时间，由李刚进行了线上 VR 实时语音带看，系统给每个参与带看的家庭成员和闺蜜等都赠送了贴心小礼物。

在线认筹：王女士在对比相关的竞品项目后，还是因为产品特性和服务感受选择本项目，在李刚的引导下，王女士在小程序服务端支付认筹金，完成了小订，获得了认筹资格。

在线开盘：开盘前一天，王女士收到李刚名义发送的智能提醒，准时参与了线上开盘，在家与 1200 人同时参与了在线开盘，抢到了中意的户型和楼层，王女士十分满意，开盘以后，机器人以李刚名义给王女士发送了恭喜通知以及后继认购签约和贷款相关的注意信息，让王女士深感贴心。

订购签约：王女士在约好的时间在案场通过智能 POS 机完成了认购金缴纳，小程序自动生成了电子认购书，王女士在手机上完成签名，一键打印出认购书，后继又通过智能化的预约顺利完成了签约仪式，签约当天没有排队，温馨隆重。

贷款办理：机器人及时帮助安排和协调楼盘指定项目的银行贷款专员，王女士及时收到了相关办理提醒材料需求和事项，顺利完成银行审核，得到放款。

客户运营：王女士入住后，机器人根据其家庭情况和需求调研自动赠送了 200 元的美容体验券和 1000 元的奔驰保养券，都是社区周边三千米内的甄选商家，通过业主账户可以随时享受。

二、客户数字化管理与跟进

营销管理的总体目标是实现项目全生命周期过程中销售业务流程的一体化管理，覆盖销售、策划、客服各部门，以销售计划和营销费用为导向，严格执行、总结和调整销售过程业务，规范部门内业务操作，实时掌控供应量与去化情况，实现项目全周期内销售业务的数据集成、分层共享——即集团和区域管理层用户依据权限在系统中获取管理、决策信息；城市公司和项目执行层用户基于 CRM 系统进行业务信息录入及查看。

以 CRM 系统为基础的客户数字化管理与跟进，要重点实现渠道及全民营销管理、案场接待流程及规则管理、客户管理、房源管理、交易管理，达到所有数据通过移动端随时录入、及时判客、智能管理案场及销售团队、移动端查看销控及录入交易的目的。

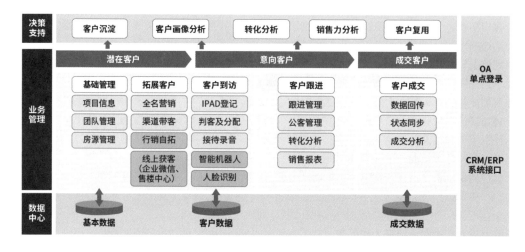

客户全流程智能管理

1. 业务流程闭环及客户全流程智能管理

对于自然来访客户，可实现客户扫描门岗系统的二维码自动获取客户电话，或者前台接待人员手动录入客户电话均可实现客户登记。对于渠道带访的客户可通过门岗 iPad 扫描渠道带看二维码完成客户的登记、确认、及分配工作。对于当天的接待记录可以将电话号码隐藏，保证数 IP 据安全不被泄露；所有登记的信息可直观统计当天置业顾问处理客户情况，当天日报自动生成等。

客户到访业务管理方案

系统支持客户信息批量导入，批量导入时系统校验客户信息的唯一性和准确性，校验通过后才能成功导入；在录入客户的手机号码、身份证号码时，系统进行正则校验，包括对输入位数、格式的校验。

客户所属置业顾问和渠道信息变更规则：未成交之前，由销售管理直接在客户信息上更新信息；

成交后，需要在成交单据上进行修改，并上传佐证材料；客户跟进过程中系统会根据跟进有效期提醒置业顾问跟进，若置业顾问逾期仍未跟进，系统可对客户回收进入公共客户池处理，后续由销售经理统一处理；同时销售经理可以通过手机端监控整个案场的客户逾期情况及回收情况，保证销售经理通过手机端可以完成所有的管理及操作。

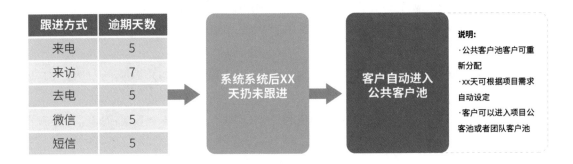

客户跟进业务管理方案

客户全流程管理覆盖客户前期报备、到访、跟进、成交等全流程的管理及记录，结合二期营销获客系统，可实现智能获客、跟客、成交等业务流程闭环及智能管理。CRM 系统能够帮助房企实现更精准的客户触达、更有效的客户沉淀、更精细的过程管理和更可持续的运营服务，并帮助企业建立可触达、可运营和可生长的私域流量池。

2. 全用户应用优化渠道管理

经纪人及渠道账号管理：系统进行一二级渠道及经纪人的组织架构的搭建，渠道或者经纪人通过平台统一注册账号审核通过后方可进行客户报备。

报备规则：系统可支持不同身份的经纪人启用保护带看或者竞争带看，并且可按照一二级渠道分别设定管理规则，同时支持全号报备以及隐号报备两种方式，也可通过防截客时间的设定防止案场门口截客。

实时判客：系统根据经纪人及渠道报备的客户电话自动判断是否符合报备条件，项目可灵活设定报备规则以符合案场的管理需要。

客户到访：客户到访后，需要经纪人或者渠道提供带看二维码在门岗系统确认客户来访渠道，门岗系统确认后可以直接打印带看单给经纪人或者渠道，带看流程结束。

客户状态变更：后期客户认筹、认购、签约后，客户状态会同步至经纪人手机端，经纪人或者渠道可在手机端可随时查看客户状态。

CRM 系统支持自有渠道、置业顾问、销售管理等内部用户及中介机构、老业主、自然经纪人等外部用户的全面应用。该系统使房企拥有了基于畅通有效的客户交流渠道、综合性面对客户的业务工具和相应的竞争能力。通过 CRM 系统房企可以有效地吸引客户，与客户进行有效的互动交流，加强客户对自己品牌的认同和信任，建立融洽的关系，提高客户对品牌的满意度和忠诚度。

3. 与 ERP 做集成，交易过程减负提效

ERP：（Enterprise Resource Planning）即企业资源计划，是一种通过使用软件和技术统一管理企业内部资源的方法。ERP 系统集成了企业内部多个部门的数据和流程，包括财务管理、人力资源管理、生产管理和销售管理等。它的目的是提高效率和决策效果，帮助企业实现更有效和统一的管理。

项目信息交互逻辑：CRM 和 ERP 需要做项目对接时，CRM 调用 ERP 项目信息包含（项目名称、分期、楼栋、单元、房号及房源状态等），CRM 创建项目后可以自主选择与 ERP 对应项目进行绑定。

项目房源同步机制：CRM 直接实时调用 ERP 房源信息，CRM 不存储房源，房源一致性以 ERP 为准。

客户数据同步机制：由 CRM 推送客户主数据给到 ERP，ERP 存储客户数据，若 CRM 客户信息变更则推送变更通知给 ERP，ERP 同步进行客户数据变更。

手机端认购及认购操作机制：直接实时调用 ERP 接口功能，手机端录入数据后直接将数据同步到 ERP 对应单据中。

交易单据同步机制：使用方案一，交易单据由 ERP 推送给 CRM，CRM 自行计算认筹，认购，签约及回款，以主线 ID 推送。

同 ERP 集成，所有客户数据可随时同步到 ERP 中进行后续的交易管理，同时 ERP 生成的交易信息可同步到 CRM 端，帮助案场实现所有数据的完整性、高可用性、可实时分析等特点。对于集中开盘，支持置业顾问在手机端录入认购，推送认购信息到 ERP 系统进行单据审批，提升认购录入效率。

对于客户认筹，置业顾问可直接在移动端进行客户认筹，推送认筹信息到 ERP 系统进行单据审批，提升认筹录入效率。

三、客户营销转化流程

第三方智慧营销服务商为房企提供全平台数字营销：投放内容升维提升直投效果→各公域平台数据直连打通→ AI 外呼自动化初筛→专属智能手机确保售前服务专员执行→高意向客户直通案场 CRM →全流程绩效分析和客户画像。智慧营销支撑系统本质上是一座"数智化和人机融合的桥梁"，让公域到私域再到成交的过程透明、顺畅、智能化、可管控，同时帮房企有效积累智慧营销实践玩法的资产和意向客户画像的资产。

（1）通过更精彩更具吸引力的创新投放内容形态，降低客户互动转化的台阶，主动接引意向客户上桥，提升直投的转化率。

（2）接着是构建针对不同公域平台的"桥头堡"特色应用，把腾讯微信生态、抖音生态、百度生态和安居客平台的获客逻辑与特色做法进行专属实现。技术架构上强内聚，松耦合，组件化实现，灵活可插拔，可以应付未来更多新投放平台随时接入。

（3）获得大量的潜在客户线索后（咨询＋电话），通过行业场景化 AI NLP 算法，实现销售线索初筛和客户初步分级别，分区域，分产品，分案场。

（4）房企直管的售前专员团队，通过特种设备和算法分配的客户信息，准时准确毫无遗漏地进行客户沟通，项目信息传递，然后完成客户信息初步填写，微信或企业微信的添加，然后把客户妥善安排给对应项目的销售人员。整个过程的所有电话、微信沟通信息全程可记录，可分析。

（5）通过和案场 CRM 系统的打通，一方面支持售前专员的高意向客户直达案场顾问手机端，另外一方面也同步部分客户的后继信息和状态，有助于售前顾问人员和团队更好地协同完成转化，持续优化推荐效果。

（6）无论是否成交，所有的转化过程、转化动作时点说辞以及所有客户的数据都被留存下来，供未来持续"端对端的"品销合一优化。

第五节　"养客"，持续地运营和增长服务

以 AI 赋能的智慧营销获客体系为工具，以数字化的思维做用户的精细化运营来实现客户的裂变式增长，盘活客户资源，以"用户主义"理念为核心，全流程赋能营销各个环节，帮助房企构建属于自己的私域流量生态圈，养客需要一个美轮美奂的城堡。

一、客户画像精细化运营

客户画像的概念最早由交互设计之父 Alan Cooper 提出。他指出，客户画像就是标签化的客户模型。具体来说就是将客户信息标签化，通过收集与分析消费者社会属性、消费习惯、兴趣爱好等数据，抽象出一个用户的全景画像，以帮助企业精准定位、精准营销、预测与决策。

基于私域运营可不断捕捉标签，和不同阶段运营，如线索阶段、到访未成交阶段及成交阶段，并根据客户浏览进行有指向性的推荐，形成一客一档，把客户进行分群。

基于对客户的了解进行客户画像，并运用数字化销售物料百宝箱等活动，有选择性地把内容发给需要的人，并通过技术包裹，精准推送并不断进行数据的洞察和分析，持续积累和有效运营"数字化用户资产"，形成高意向客户的分类分群精细化运营闭环。

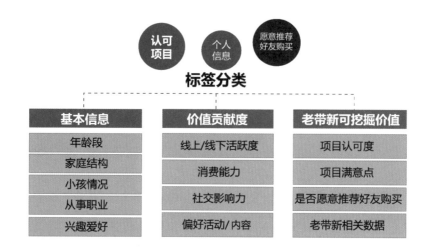

房企客户画像标签一般分为三个方面：基本信息、价值贡献度和老带新可挖掘价值。其中，基本信息包括年龄、家庭、孩子、职业、爱好等。价值贡献度包括线上 / 线下活跃度、消费能力、社交影响力、偏好活动 / 内容等。老带新可挖掘价值包括项目认可度、项目满意度、推荐意愿等。

标签画像是精准营销、产品应用的中间层基础，可以实现的业务价值包含基于用户群体的生命周期管理、高价值客户深入开发、交叉营销，也可以输出用于个性化推送、个性化推荐以及个性化实时营销，同时也是数据分析和用户分析的属性源，具备非常强的应用价值。智慧营销系统的应用可助力一线销售人员通过全场景的客户标签分析和营销服务自动化技术自动转化服务客户，实现意向客户和一线销售精准对接、精细运营与高效转化。

只有私域运营好了，在成交客户的池子里，精标签精细化才可以做到几百上千个标签，再基于这些标签，进行客户画像，之后再反哺到公域投放中，在精准度和降低成本两方面均会有质的飞跃。

二、客户全生命周期运营

客户全生命周期（Customer Lifecycle）是指客户与公司之间的整个互动过程，从客户第一次接触公司开始，到最终成为忠诚客户或离开公司为止。

1. 客户获得

客户的获得会有多样的通路和方式，过往大家更多把关注点放在公域之上，公域所能覆盖与影响的客户群体是更为广泛的，但公域投放的获客成本持续攀升，且投放的过程和能力始终还是掌握在平台手中，因此，消费行业先行，各行各业都开始探索思考在公域之后，如何将客户沉淀至私域，并实现增长。

1）内容运营

高质量的内容是运营的生命线。想要做好私域客户增长，需要持续和客户进行交互，将信息内容不断地传递呈现给客户，激发他们关注、参与、分享、传播。如果客户持续收到的都是每日问候、天气预报、节日祝福和项目广告，很难说他们会觉得这是令人满意的关怀而非骚扰，被屏蔽或免打扰几乎是必然的结局和命运。因此，想要实现有效的客户运营，内容必须进行专项规划与决策，只有高质量的内容才能打动客户、达成传播目标。

成熟的内容运营，需要构建一套内容标签体系。从呈现形式来看，内容包括了图文、海报、视频、游戏与活动等；从内容信息来看，地产行业青睐的内容可分为通用类与项目信息类，通用类包含市场信息与分析解读、地产行业常识、政策指南以及生活方式和趣味类内容，而项目信息类就包括开发商的品牌、服务以及项目产品的各种宣传物料；因此，内容运营的起始，是内容和客户与运营目标的对位，选择多样化的形式，高质量地输出信息，并在后续结合结果数据，定位总结出不同场景下最优秀的内容标签，沉淀经验。

房企智慧营销团队应搭建自上而下的内容矩阵。集团—区域—城市—项目应该高度协同，集团—区域—城市完成通用型内容的整合与建库，一方面做好自己项目的内容，另一方面在内容应用的过程中，做好数据分析与反馈，将沉淀的经验与优秀内容在集团内共享，不断明确高质量内容。

2）裂变传播

裂变能力给内容插上高效传播的翅膀。在创造策划出高质量的内容之后，不只是简单转发，而是辅以技术赋能的裂变能力，传播获客的效果，将呈几何倍的提升。比如原圈智慧营销云产品，可轻松对内容进行赋能，使得内容在传播的过程中，就可以实现自动分发激励。这些激励，可以进行各种有趣且精巧的设计，比如浏览的红包，转发的红包，到访的红包，以及所推荐客户到访或成交之后的激励；层层裂变线索轨迹都可探知，所有的传播都实现激励，一方面最大程度激发了客户的参与热情，另一方面也可以沉淀数据，提高运营团队洞察内容和效率的匹配度，并发现 KOL，进而可以对他们进行更进一步的专项运营。

种子用户的筛选和动员至关重要。在关键的营销节点，项目往往需要进行大规模的传播，线上活动是效率最高的选择，除了活动设计的质量，最终决定活动效果的，往往就是团队的共识和执行能力，置业顾问和项目团队以及公司同事，是传播的第一圈层，也被称作种子用户，只有他们将第一轮的转发做好，才能在圈层中形成影响，为后续的裂变奠定基础。所以，一次好的裂变传播，运营团队往往都会关注内部关键用户的动员、激励奖惩机制设计，并且对他们的发起和转发细节有明确的指导与规范，比如转发时配合的文案、发送的频次和节点，在操作过的上千场活动实践中，我们也看到由于运营的精细度和执行力的差异，最终所带来的结果差异高达百倍。

3）公域投放

公域私域互为补充，如果可以支持在公域进行投放，势必能为项目获得更广大的认知度和客户来源。但公域投放费用高企不下，因此，为了帮助房企实现更优的营销费控目标，仍建议在对私域有了一定的认知和标签基础后，再进行公域的尝试。同样，在有条件的情况下，争取实现数据的打通与闭环，比如投放获得数据可以直接在项目 CRM 上直接报备线索，实时实现颗粒归仓，而线索后续的转化情况，也需要关联投放内容和计划，以帮助形成数据闭环，有效形成策略指导的数据依据。

2. 线上客户的跟进与转化

通过线上的传播推广所获得的客户，需要进行及时高效的跟进。某一非常优秀的项目，常年保持着线上获得的客户到访案场后80%的成交转化率，这其实不难理解，当客户愿意在线上浏览项目信息，并且进行互动、提问，这样的行为本身就是一次极好的意向分层，但很多情况下，受销售人员的精力分配、意识能力所限，往往很多客户没法得到及时跟进，这些客户的购买需求是真实存在的，由于没有及时跟进，他们可能就转向了中介、转向了竞品。

线上客户的跟进运营需要进行精细化。

首先，因为获得的方式和通路不同，所以接待的标准和形式亦应该进行区别：如果是主动在线上售楼处进行浏览并发起咨询的客户，必定是意向等级最高的，需要在第一时间进行应答与跟进；

其次，在公域投放落地页面留下联系方式、在线上浏览过程中授权获取电话，或者由老客户报备推荐的，可认为是有购房或了解兴趣的客户，应该在较短时间内，进行联系，邀约进一步的沟通；

对于通过节点整合霸屏活动中裂变获得的客户，由于一部分客户可能是被激励和游戏活动所吸引，意向度和精准度较前两类场景所获得的客户都相对弱一些，这样的客户，可以通过 AI 外呼这样的工具，进行基于场景的电联筛客，过滤掉那些没有意向的客户，且对有意向的客户进行意向区分，之后再由跟客团队进行跟进。

3. 线下到访客户的跟进与转化

除了线上获得的客户需要跟进，在客户到访售楼处之后，或者线下的到访客户，在智慧营销工具的支持下，可以将过往难以标准化的接待和转化动作通过系统自动 / 半自动化地执行，一方面提升接待质量，另一方面也可为置业顾问节约大量时间和精力。更重要的是，通过线上的交互，留存下客户与置业顾问交互的过程信息，真实而又全面的数据可高效地输出盘客所需的基础信息，大大提升了工作效率和管理团队对实际客户情况的把握与认知准确度。

越来越多的企业选择企业微信作为客户跟进和转化的工具，优秀的智慧营销团队，会利用百宝箱完成销售过程中所需要的所有销售物料配置，进行执行标准的制定，并实现自动化配置以及节点性信息群发操作，比如客户到访当天，需要给客户推送接待满意度调研，并在后续两周内，有节奏地发送一些政策利好信息、项目卖点信息；在重要节点，群发问候、通知和邀约；在开盘前，按节奏向认筹、办卡客户推送算价、意向测试的问卷等。

随着运营的持续和深入，所有的行为都可以成为客户的标签，基于标签，亦可分层对客户进行运营和触达，而非过往简单粗暴的短信群发，执行效率和客户感受都将得到巨大的提升。

4. 老客户运营

几乎所有的开发商在智慧营销启动的初始，都期待着能通过线上营销，将老客户发展为自己的经纪人，对身边有购房需求的亲友进行推荐报备，以对抗项目对中介的依赖，当年的恒房通，甚至就是定位为一个经纪人平台。

然而很难说哪一个开发商在全民营销上取得了巨大的成功。

究其原因，一方面是缺少有体系的经纪人运营管理，另一方面也是因为全民营销的佣金激励，结算的周期和便捷性基本都难以提供很好的客户体验。因此，是否有专门团队对经纪人进行数据挖掘和专项运营、能否有一个便捷和体验感很好的激励机制和工具平台，是全民营销能否做大做强的关键。

成交客户，如果能持续得到良好的体验，对项目和品牌保有好感，就能为项目带来持续的推荐，像万科、龙湖这样的老业主满意度持续表现优秀的公司，老带新成交占比可以保持在20%以上，甚至一些特别优秀的区域和项目，可以高达40%左右，放眼望去，四成的成交是由老业主老客户推荐成交。

一些成熟的开发商，在客户签订购房合同之后，即开始进行客户维护，从入住之前的工程进度通报到交付入住期间的各种手续，入住之后与业主一起共建社区，进行线上线下的社群活动组织和运营，在这样的过程中，客户自动成为传播生力军，他们的满意度对增复购和老带新都形成了极好的正向激励。

基于业主全生命周期植入提升业主满意度及老带新的服务

三、增长运营服务

全球知名的 SaaS 企业 Salesforce 曾将"增长运营服务"推入人们的视线，国内也有诸多优秀 SaaS 企业，利用这一策略驱动业务增长，如北森、Teambition 等。

存量市场竞争，企业生存越来越依赖增长运营服务，可以说"没有增长运营服务，就没有SaaS企业的成功"。

1. 什么是增长运营服务？

增长运营（Growth Operations）是一种组织和运营业务的方法，旨在通过有效的策略和工具来提高公司的增长和效率。增长运营团队通过对所服务企业业务数据的分析，为其寻找增长机会，提出增长策略并运用工具来实现企业的增长目标。

增长运营服务，不仅做增长，重要的是服务。简单地说，就是更多的触达获取、更准的引导转化、更好的服务转介。

对典型的 SaaS 模式的数字化增长运营来说，运营团队通过主动的、系统的、有计划的系列工作，适度地介入客户的策划营销推广过程中，驱动客户通过使用云系统的各种模块、功能组件和活动等，创建更多数字化获客内容，更坚决深入地执行数字化传播获客动作和玩法，适度投入高质量私域公域投放预算，使得客户用较低的学习门槛和资金投入，能够看到可量化的、稳定的触达、互动、咨询、留电和到访效果，同时带来成交提升。对于项目开发制模式的房企，经过双方沟通形成共识，即可达成科技公司与其的数字化增长运营服务。

我们来看看科技公司可以为房企打造怎样的基于营销获客全过程设计的增长运营体系。

首先是第一层级，基于对客户的认知和分析，制定投放与私域裂变方案，进行流量运营，最大程度制造影响力和传播力，尽可能多地触达受众与不断裂变，获得关注与认知流量。对于所获得的海量流量，需要进行筛选和细分，这时候最主要和有效的手段就是进行有效的内容运营，通过与营销目的相关的内容触达前期所获得流量，吸引其关注与产生交互，帮助项目筛选与圈定相对精准的传播对象和粉丝群体。其次是需要关注粉丝向客户的转化运营，地产行业的特殊性导致销售很难在线上实现闭环，这时候就需要运营设计有效的线上线下相结合的活动，并在活动中设计"钩子"（比如到访礼品、购房优惠等）吸引客户从线上向线下转化，到访售楼处的客户，即可由置业顾问进行一对一的接待、跟进与需求挖掘、对位，实现成交转化。

然后，每一个地产项目、品牌开发商，都会留存较大规模的成交业主与老客户，不能让这部分客户资产变为沉默资产，激活他们，进行沉淀与持续的运营，是所有持续发展的开发商都高度关注的专项，建立业主社群、制定合理和有活力、有吸引力的全民营销政策，并通过友好便捷的线上工具实现客户的推荐、转发与激励，便可持续地为项目和开发商创造价值。

最终，由于数据沉淀与留存，找到那些乐于分享和影响他人的 KOL，做专项的运营与服务，将客户增长的效能最大化。这个过程如同蝴蝶扇动翅膀，持续不断，势能叠加，在智慧营销工具的洞察与分析能力赋能加持之下，为企业获得客户与业绩的增长创造可能，提供保障。

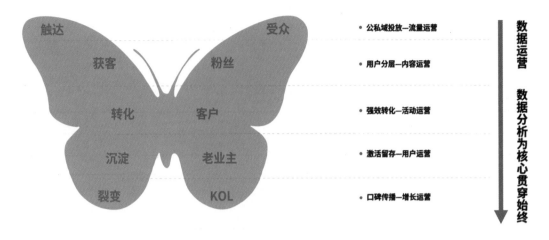

用户增长蝴蝶模型

2. 增长运营服务落地实践

智慧营销系统助力房企自动识别客户的初步意愿，并且根据其基本特征匹配相应的营销资源。比如，一篇文章提到位于上海的一套房产情况，系统工具察觉到某意向客户深度浏览到这一内容时，AI可以自动弹出上海的打车优惠券供客户领取或者主动询问客户意向——这一自动识别匹配和推荐功能目前已经通过标准 sdk 的方式输出给房产行业的 H5、沙盘等内容制作商，相当于内容制作商可以在单纯的内容之上叠加智能化技术，以提高其服务水平和质量。

以 F 房地产企业为例，第三方智慧营销服务商数字化增长运营服务提供前期咨询 / 培训和持续优化建议，和项目团队定期地沟通了解月度营销推广计划，内容创建 / 处理 / 配置 / 员工通知等系统代操作，工具和技术配合，效果监控，分析和复盘，每个运营工作节点都有对应的实施方案与关键执行，并且提供专职团队和运营专家人员。

增长运营服务的主要工作包括：标准产品的实施 / 培训和客户服务—客户使用促成、客户成功—活跃度 / 复购 / 增购、项目管理和执行、增长运营、产研对接 / 销售和市场支持。

目前，房企在智慧营销建设体系仍处于摸索和试探阶段。

上文我们了解到了房企建设智慧营销体系的方法论，那么，如何才能保障房企建设智慧营销体系获得成功？需要具备哪些核心要素呢？

下一章我们将梳理房企构建智慧营销体系对于企业顶层设计、功能支撑、技术架构、数据资产管理、营销运营的落地以及选择第三方智慧营销服务的核心要求，为房企建设智慧营销体系提供参考依据。

日常运营服务内容

1	参与甲方月度营销例会	
2	根据项目营销节点制定每月运营计划方案	
3	主导、监督、配合执行与项目结合的数字化增长运营动作	日常在线售楼处物料更新维护
		传播内容后台赋能、私域流量激励金配置方案、用户转化建议、全员转发监控
		图文裂变玩法方案、监督执行、数据总结
		微信全推、粉丝裂变激活
		霸屏活动方案、活动执行、数据总结
		线下拓客、异业拓客、案场裂变等各个拓客场景的数据监控
		有奖调研、有奖问答活动的方案、执行、数据总结
		每月公域流量投放计划方案、落地执行、数据总结
		老业主召回和裂变
		具备二级分佣功能的礼品电商代客
		销售百宝箱
4	日常服务运营内容	日常线上传播风控指导
		日常问题答疑
		日常激励金充值
		日常销售人员执行数据反馈
5	每月运营数据总结报告	

第四章
房企建设智慧营销体系的成功要素

　　市场回暖的声音不断，而地产营销人用尽了各种营销手段，实践下来发现，虽然流量有了一定增长，但获客转化效果不显著。究其原因，主要是地产行业的特性导致的。地产行业是一个客单价高、转化率低、服务弱，必须线上与线下结合才能完成销售的行业。当一个客户在如此低频消费的产品面前，要进行如此大宗消费的时候，他一定会想尽办法在流量平台上给自己扫盲，客户也早已不满足于产品牌宣传传页、卖点清单说辞。

　　那么我们该如何从内容入手，以"轻、快、爆"的获客新打法，以客户价值为中心的营销和运营，不断触达客户、吸引客户、转化客户，获取客户流量呢？本章内容立足于前瞻的顶层设计，平衡考虑项目销售一线的赋能诉求和公司的管控体系化需求，然后从功能内容、技术架构、数据资产三方面介绍智慧营销体系的建设要求，最后提供标准化的智慧营销运营的关键步骤和落地要点，为房企自建或共建智慧营销体系提供参考依据。

第一节　前瞻的顶层设计

房地产企业的特性决定了要想构建真正有效的智慧营销体系，必须平衡考虑两件事，一是项目销售一线的赋能诉求，二是公司的管控体系化需求。所以，房企必须有合理的"顶层设计"思路：系统化的科技营销变革思路、端对端的科技营销实施路径和以"客户＋业务"为导向的产品哲学。

一、系统化的科技营销变革思路

思路决定出路，观念决定方向。

房企建设智慧营销体系需从思路改变开始，系统化地开启科技营销变革，我们把它称为一个中心、N个基本点。一个中心是平衡一线赋能和集团管控，N个基本点是要兼顾多要素，比如同步解决内容、场景、流量、组织协同、技术架构、动态评估和持续资源投入等。

集团管控自不用说，很多智慧营销项目都是集团的IT部门发起的，当然要行使部门岗位职责，使系统为管理服务，为全面的决策支持服务。所以这里强调的是：房企智慧营销体系的成功构建，离不开一线销售人员进行客户信息数字化采集、工作内容线上化的支持。但一线销售人员普遍数字化能力低，闷头自顾自的销售想法又很多。那么，房企的智慧营销到底是给营销人员增加工作量还是减少工作量？能够有一些工具和一些做法，让营销员们非常轻松地找到他们的说辞、物料、工具、素材，然后帮助他们更好地去服务和跟进客户，实现赋能而非约束。

房企要构建智慧营销体系，首先要考虑销售一线的赋能诉求：工具简单好用，方便高效，能自动带来更多客户，客户一多销售人员报酬自然就多。其次要考虑营销总监的赋能诉求：要盘客（客户摸底）精准高效，数据可视化，能智能化分析营销数据，给出营销建议，并预测效果。

其实，集团管控和一线赋能，传统视角看似矛盾的诉求，在数字化世界，可以轻而易举地化解。

1. 智慧营销赋能项目和城市

- 更多的本地用户知晓，互动，传播，推荐项目，直至到访和成交；
- 打赢关键节点，比如开盘和加推；
- 准确理解当前已经触达客户的数量和质量；
- 清楚洞察各种内容，线上线下传播投放渠道的触达和转化效果，让营销总的精力分配更合理；
- 把策划和销售更好地联动起来，更好地整合各种资源和异业伙伴；
- 尽可能优化投入产出比。

2. 智慧营销赋能集团总部

▪ 建立一套系统，让公司以可持续、可累积、可迭代的方式获客，积累获客经验和洞察，新开项目的营销越来越容易；

▪ 构建一套真正能调动员工、伙伴和业主的获客制度，把"客带客"和"全民营销"带到新的高度；

▪ 实时洞察每个销售案场的情况；

▪ 实现"通盘通客"，客户资产公司化；

▪ 把各种系统打通，让革新尽量不增加人工劳动，润物细无声。

二、端对端的科技营销实施路径

智慧营销要有一个完整的链路，是一个端对端的过程。营销内容融合升维→公私域融合→AI 线索初筛→高意向客户直通门店→销售顾问销讲赋能→门店智能化→ AI 跟客转化→满意度管理→客带客→客户中长期运营＋全流程费效比核算＋全流程转化效率分析＋全流程客户数字画像，这样做才能够带来更多的触达获取、更准的引导转化、更好的服务转介，环环相扣，一个都不能少。

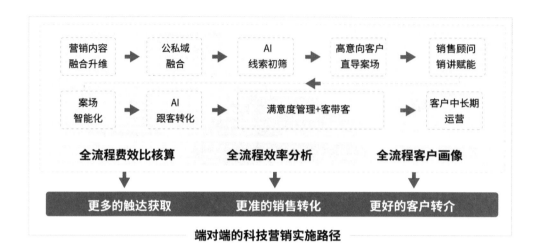

端对端的科技营销实施路径

更多的触达获取： 智慧营销能够完整实现"内容曝光—潜客发现—现场导流"全流程覆盖，把私域画像和公域流量结合起来，持续优化投放效果。

更准的潜客引导： 多场景的线索自动分级、场景化服务式的 AI 外呼，基于不同交互从场景和客户关注点等进行场景化的说辞，前置电联，优化提升电联效率，算法自动跟进记录客户行为、反馈及意向。

更准的案场销讲： 销售现场的销讲过程 NLP 分析和客户自动画像，涵盖座机、线上语音和线下门店销售，减轻或基本消除营销总 70% 的每日盘客工作和销售员 70% 的 CRM 录入工作，把营销总监对销售讲解过程和转化效果的理解和迭代提升到新的维度。

更方便的到访看房和通盘通客： 看房服务机器人，号称看房"阿凡达"，为客户提供炫酷的看房体验，帮地产商打通不同案场的营销现场。

更好的服务跟进： 客户跟进服务从"人伺候系统"转向"系统伺候人"，系统自动推进 70% 以上的标准化客户跟进和转化动作。融合企业微信强大开放的销售员提醒功能，辅以短信和服务型 AI 外呼，提供无与伦比的用户体验。

更好的交付和客户关怀： 基于企业微信沟通和企业微信群的客户满意度分析，以多种方式了解每个客户的情绪状态，逐步完善客户画像，通过运营构建 CDP，形成良性循环的营销数字化增长闭环。

三、以"客户 + 业务"为导向的产品哲学

围绕客户全生命周期，梳理数字化业务场景和需求，把房企的业务、增长指标和技术赋能点对应起来，简单地说：场景看好"客"，业务动作看好"事"，指标看好"钱"，赋能点看好"系统"，系统看好"人"。

场景看好"客"。场景营销的本质是以客户为中心创造特定场景下的个性化营销服务。场景营销的核心是基于对客户的理解、对客户的深度洞察，挖掘场景下的用户需求，围绕用户的行为习惯和实际情况设计产品，通过场景看好"客"，达成场景与客户之间的黏性互动。

业务动作看好"事"。通过业务动作，如创作内容、活动、接待等来判断客户意向。更丰富的业务动作能够更深入地与客户互动，房企便能快速发现客户需要什么、反感什么，并采取相应的行动，从而获得更高的客户满意度。

指标看好"钱"。所有的营销和活动都可以通过费效进行评价，如每篇文字的费效比（点击、留电），每个时间段的总费效比（点击、留电）可实时查看投入产出比，可具体到人。

赋能点看好"系统"。传统上，人做管理，系统执行效率高；如：销售与客户互动等；企业微信消息群发，标准统一；大数据留痕，可以分析，可以洞察客户，针对性销售——赋能。

系统看好"人"。系统是工具，需要人的执行，强调组织和机制的能力。案场团队核心管理人员较充分理解智慧营销系统的价值，能够在将运营动作落实的同时，有团队内部的思考和总结，建立起对于企业微信相关执行要求的认知。

第二节　全面的功能覆盖

作为房企生命延续和发展的重要环节，房企营销将肩扛重担。房企如果无法去化消耗库存，就缺少现金流，企业也将面临破产；如果无法精细化去化，几乎难以取得利润；如果无法高效地去化，将无法获取充沛资金去拍地来持续发展。通过构建房企智慧营销平台，房企可以达成精细化、高效的营销去化目标。本节将从房企智慧营销平台的核心内容、功能模块、蓝图规划和建设要求四个层面进行详细的介绍，理论加实践，希望能给正在进行或者未来希望进行数字化转型的房企一些帮助。

一、智慧营销平台的核心内容

在降本增效、精益化管理的房企经营背景下，营销费用如何优化一直是个头痛的问题。营销费用逐年降低，去化任务必须完成。传统营销机构组织和业务协作模式借助数字化技术和工具的丰富必须进行迭代，提质降本、减费增效的变革必须完成。市场、策划、品牌、销售、客服，各组织、角色不能再各自为战，必须以客户价值为中心，围绕销售业绩目标的达成一起发力。

1. 投放中心

投放中心是智慧营销平台的核心功能，是一个功能齐全的管理系统，它集合了广告投放、监测报告、数据分析、计划管理等功能，为营销活动提供了全方位的支持。其主要职责是进行精细化的广告投放计划，统筹全局的投放资源，实现对投放效果的全面监控和优化。

在投放中心，可以设置多维度的投放策略，如地理位置、人群特征、行为习惯、投放时间等。同时，平台还可以实时地监测投放效果，通过数据分析，快速反应并优化投放策略，从而提高投放效率。此外，它还能够提供多样化的投放渠道，帮助营销人员选择最合适的投放渠道，全面提升广告的覆盖率。

通过智慧营销平台的投放中心，营销人员可以实现对广告投放的全面控制，保证投资效果，并可以动态调整，精准提升投资决策回报。

2. 内容中心

通过内容中心可以获取源源不断的营销内容，当然也要确保内容形式的多样性，例如有日常宣传的软文、海报，匹配项目营销节点的主题活动，融合虚拟人的互动视频、沉浸式体验的元宇宙交互体验、可以人机对话的 ChatGPT 等等；同时要解决内容授权和二次制作的问题，内容创造策划平台产出的内容在创意、平面设计、布局等水平上已经达到一个高度，房企自有创造策划人员仅需结合项目特色进行主题、文案等二次优化调整，其他由内容库和 AI 来完成生产。除此之外，内容中心在技术层面，会对所传播内容的效果进行观察和回收，一方面对策划内容的优化和调整形成迭代支撑，另一方面也对策划线的绩效考核进行量化评估。

3. 线索转化中心

地产环境下行，头部房企相继暴雷，作为房企现金流开源的销售部门压力巨大，在营销费用缩减的情况下，如何创造更多的业绩，如何获取更多有效的线索，如何确保各个渠道的线索顺利流转，如何降低线索成本，如何提高线索的筛查效率，等等，都是迫切需要解决的问题。

线索中心围绕营销环节线索全周期管理，聚焦三个方面，解决上述问题：

线索收口。线索收口针对房企营销全域获客渠道进行线索归拢，涵盖除中介渠道外的公域投放（腾讯、字节、百度等流量平台）、线上私域获客、线下渠道、全民经纪人等获客渠道，可统一归口为房企营销自主获客的渠道。房企不仅需要对所有渠道的客资进行有效留存，还需要清晰地知道哪些渠道线索的质量较高，对后续拓客策略优化也有一定辅助作用，结合当前市场上企业私域运营工具的利弊分析，企业微信作为房企获客线索留存的平台有天然优势，既可做到企业客户资产的留存保护，又可作为后续持续运营客户，持续挖掘潜客的有效触点。

线索筛查。房企通过自主获客获取的线索数量相对多，而线索质量却很低，项目管理层很难接受这种情况，主要原因在于基层项目管理的短期目标在于项目去化，这种情况下花费项目营销费用，哪怕极少的费用做长期客户运营的事，对他们来讲也是无法接受的。但这客户资产对于有长期营销战略定位的房企来讲，是有巨大的意义和价值的，因为这些客户资产对于房企来讲就是鱼塘里面小鱼，客户资产越多，鱼塘就越大，未来可以在自家的鱼塘持续捞鱼，甚至为其他房企供鱼也不是没有可能；其次现有房企大部分是多元化业务共同发展，未来也可以实现一鱼多吃。所以有效的客户是房企未来是否可以实现自主营销去化的关键因素。如何既满足项目层管理者的短期诉求，又符合房企长期战略的定位，线索中心至关重要，通过 AI 技术筛查能力，可以将短期有明确购房意向的客户筛选出来，并基于管理路径分配至一线销售进行高效跟进，同时对短期无效客户进行存储，未来进行持续的智能化筛查。

线索分配。对于房企自主获客获取的线索，如何正确地实现分配？其实分配规则逻辑上可以根据房企管理做到随机分配或者按照业绩排名分配落地，所以从分配规则上看是很简单的问题。但实际执行过程中，大部分企业会反映的是，一线销售对于分配过来的线索反馈是线索质量太差，即使所有的线索都经过 AI 及人工的筛选确认。难道真的是自主获客线索质量太差的问题吗？究其原因，会发现本质是因为组织与业务不匹配问题导致。对于案场销售来讲，核心工作在于案场接待服务及后续客户跟进，对于将线上的线索邀约到访，一方面不是置业顾问的核心工作方向，另一方面在线索转访环节缺少技能支持。这些均会导致房企真正在执行自主拓客的战略过程中受到阻力，而且这种阻力还来自内部，来自一线的员工。在这些问题解决之前，部分房企不得不直接放弃或者减少发展自主营销的投入。不过参考行业优秀者会发现，做自主线上营销获客的房企，大部分会建立自己的空军团队，如恒大、万科、时代等，核心工作是吸引线上线索客户到访，到访后的线索客户再由销售跟进转化，这样便水到渠成。

4. 交易中心

智慧营销平台对交易中心的定位是线上签约，新冠疫情期间购房者无法线下选房以及签署协议，为了确保房企正常销售和回款，通过线上签约可解决该问题，这一系统便保留了下来。

交易中心贯穿潜客认筹、开盘认购、支付签约全周期服务，具体模块如下：

资格预审。对地产销售政策严格的超一线、一线城市，受限于当地销售政策，对买房人有相关限制。在项目取得相关证件后，需要进行公示后才可开启项目认筹。潜在客户进行认筹前，需要提供个人相关购房资质，例如结婚证、积分、资金证明等，线上资格预审通过，意向客户才可以参与项目认筹。

在线认筹。资格预审通过的客户，可参与项目认筹。按照认筹流程，下订单并支付认筹金，同时支持电子收据生成。

在线开盘。认筹成功的客户，根据项目营销通知，参与线上开盘，并且进行线上选房和定金支付，支付完成后，通过电子签，签署认购协议，并且客户可线上查看协议信息和付款信息。

尾盘销售。开放开盘权限，线上线下结合对尾盘进行销售，按照流程进行资格预审、线上认筹、认购。

在线签约。根据合同付款方式，支付首付款（定金转首付），完成后发送在线签约合同链接，完成合约线上签署。

5. 会员中心

房企智慧营销的会员中心是一个高效的客户管理平台，能够帮助房企提高客户价值，提高营销效率，促进房地产销售业绩。

会员中心提供了一个全面的会员管理平台，帮助房企更好地了解客户需求和消费行为，并依据数据分析结果为具体的营销策略和个性化客户服务。会员中心有完整的客户资料库，包括客户基本信息、购房历史、交易数据等，这些信息可以帮助房企更加清晰地了解客户需求和消费习惯。此外，会员中心还提供了精准的客户分类功能，帮助房企根据客户群体的不同特征，制定个性化的营销策略。会员中心还提供了多种在线互动功能，如问卷调查、在线沟通等，这些互动功能可以帮助房企更好地了解客户需求和消费行为，提高客户满意度和忠诚度。

对于长期关注房地产项目的客户，会员中心可以通过发送个性化的营销邮件、手机短信等，将最新项目动态、优惠信息等送达，以提高客户的兴趣度。另外，会员中心还可以为客户提供在线咨询、预约看房、询问报价等服务，通过提供便捷、专业的服务，提高客户对房企的信任度和满意度。

二、智慧营销平台的建设要求

很多房地产企业往往认为上线 CRM 之类的系统之后就完成了智慧营销平台建设，其实这只是解决了初始的覆盖问题，并无法满足长远的业务变革和提升诉求。毕竟企业在不断发展，行业的业务创新日新月异，外部环境也日益严峻，未来的智慧营销平台建设一定是不断投入、不断优化、不断进步的过程，这是一项长期的战略行动，风物长宜放眼量，需要做好长期投入的打算。

1. 组织开放

房企搭建集团性智慧营销平台，在组织层面要有变革的勇气和策略。营销平台的目的是解决当前企业营销存在的问题或者壁垒，过程中必定存在组织及各岗位职能的调整变化，而搭建智慧营销平台的过程中，在组织层面需要两方面赋能，从远洋集团企业微信营销平台的实践来看，核心是以搭建智慧营销平台的数字化项目和以企业微信营销平台战略落地为目的的执行组织优化。

智慧营销部。随着房企数字化转型战略的明确，在组织先行的原则下，部分头部房企已经完成组织的优化调整，例如新城、旭辉等都在集团成立了智慧营销中心，与集团营销业务线、IT 线成三足鼎立之势，其部门主要职责就在于营销数字化转型创新探索。这种独立的数字化业务线优势在于 KPI 清晰，且在数字化转型过程中起主导作用，利于推动转型落地。成员大多都是从区域、一线项目提拔的营销业务骨干，甚至会配置一定的技术人才，进行融合，以规避在不懂业务和技术的情况下纸上谈兵，地基打歪了，数字化大厦也无法高耸入云。

数字化项目小组。除了单独成立智慧营销部门，如果房企想要尝试数字化转型，可以在组织不发生变化的前提下，单独成立数字化转型项目小组，从业务部和 IT 部门调取专业人才，搭建矩阵式项目小组，进行房企数字化项目的推动和落地。当然这种组织模式灵活性非常高，但因为小组成员非专人专岗，项目推动过程中难免会存在资源不足、任务重心偏移等问题，项目转型难度、周期、结果等会存在一定风险。

2. 技术开放

房企自身技术生态开放。打造智慧营销平台，对房企在技术层面有一定门槛要求，房企自身技术生态要有开放性。这对于大部分民企来讲，相对比较容易，民企不管是对企业内部管理工具还是一线赋能工具都有较强的包容性，重视数据安全，但不会上升到国家安全层面，因此我们也能看到，大部分民企对上公有云的态度还是比较开放的，赋能工具层面也愿意去尝试一些 SaaS 服务。相比于民企，国企对数据安全的要求比较刚性，是原则性问题，因此在做数字化转型的过程中，大概率会遇到技术门槛，例如大部分国企难以接受公有云，考虑数据安全，几乎都会采取私有云或自建云，这在成本投入上要高很多；其次大部分央企对开放内部管理软件接口都存在强制性要求，这种情况下很难与市场互联网产品进行连通，整个数字化转型过程的难度也会增加，效果也会降低。

但"十四五"战略规划中，对国央企也有明确的数字化转型要求，需要国央企率先数字化转型，实现企业降本增效。国央企数字化转型的主动意识将更加强烈，且更愿意与数字化服务商进行探讨，尝试一些创新且安全的融合方式，整体形式渐趋开放。同时 5G、区块链、人工智能、元宇宙等技术服务也成熟起来，在确保企业数据经营安全的前提下，房企数字化转型的壁垒正在降低。

房企合作供应生态技术开放。除了自身技术的开放性，大部分房企都会有下游数字化服务供应商，那么对供应商在技术上的开放性也要有一定的要求。如果下游服务商自身缺乏标准 API，就无法与其他服务商形成业务和数据的连通，对一线和管理的赋能也就大打折扣，一线工作量也会有很大程度的增加，现实业务中，废掉不兼容的服务商体系，引进新的数字服务商另起炉灶，重新搭建技术体系的事情也时有发生，这种腾笼换鸟式的浪费没有人愿意看到。

3. 长期持续投入

数字化转型，必有投入，但如何达到优解是个学问。房企在前期选型过程中，需要充分地进行调研对标，而非闭门造车。转型非一日之功，可以结合企业战略长远规划，千里之行先行起来，过程中再分阶段落地纠偏，这样对于企业来讲，每年投入的成本不算很高，且每个阶段的成果都可以快速兑现，风险系数较低，并且对于房企掌舵人来讲，能不断看到阶段性成果，也就会有坚定数字化转型的信心。

第三节　先进的技术架构

智慧营销作为房企数字化转型战略的重要一环，需要业务与技术双修，基于客户全生命周期，夯实技术底座和数据能力，融合技术于内外业务场景之中。先进的技术能力和架构要基于技术的前瞻性，设计制定长远战略，房地产数字化发展为企业发展提供"万丈高楼平地起"的稳固保障。

一、技术能力先进性

极客精神（不断打破规则和制造变量）创造数字化未来，数字技术的底线要求是给一线营销人员降低工作量，而技术真正的先进性在于简洁地处理复杂体系中的复杂问题。同安全的刚性原则有所区别的是，智慧营销的系统建设既要兼容组件化、模块化的灵活便捷，更要并蓄机器学习、自动触发的友好体验。具体来说，一是要能做到业务控制参数灵活配置，如客户信息参数、案场管理规则参数等，以适应不同的管理诉求；二是要系统权限灵活配置，可根据集团、城市公司、项目公司的不同角色岗位配置不同的管理权限。比如，可以把销售员接待用户、录入用户信息以后的跟进动作都由 AI 技术和 RPA 技术实现，然后再还给销售员，以提升地产行业的用户体验度。例如满意度回访、活动邀约提醒等跟客户的互动就可以由 AI 来主动驱动。

人工智能技术可以将原本难以结构化的重要信息，例如音视频信息变为人类可以理解的概念信息。经过结构化之后的信息，就如同文本信息一样，可以用于后续的数据分析和数据计算使用。

线上的场景，因为消费者在网页、App、小程序等应用进行操作，从而具备了高效采集数据的条件，但是，在线下消费者在店内游逛、与店员进行交谈，所形成的数据基本为视频数据（店内摄像头所拍摄）或音频数据（录音笔等音频采集终端）。需要将这些音视频数据处理为结构化的数据，才可以同步给大数据平台进行后续计算，人工智能技术提供了相应的处理手段。目前人工智能技术主要采用监督学习的方法，所以无论输入的图像或声音是什么，输入的信息一定是标准化的在训练过程中所规定的信息，即结构化的和归一化的信息；因此，利用人工智能技术可以顺利解决数据输入完备性和标准性的问题，这为后续基于大数据深度洞察消费者提供了条件。

在整个营销运营和作业过程中，人工智能技术通过智能算法和推荐帮助具体作业人员高效推进工作，系统自动识别自动分派（非客、新老客、会员），标准化流程自动执行，通过算法和算力指导营销人员做出最优选择。

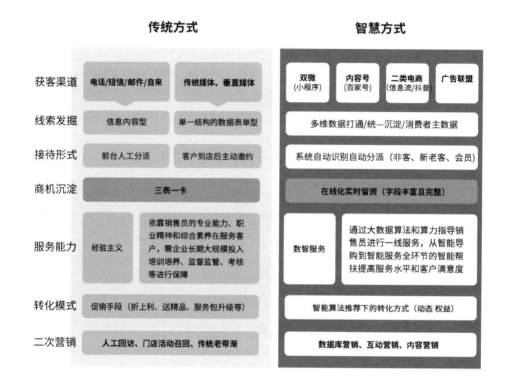

AI 与传统方式对比

二、微服务架构的先进性

微服务架构，通常称为微服务，核心是通过微服务架构（Microservice architecture）确保技术架构的开放和技术资产的重用。（微服务），客户端可以使用 API 网关访问。

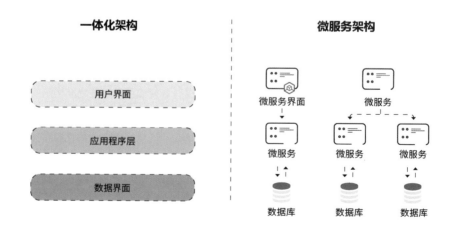

这些微服务都可以独立部署，但在必要时可以相互通信，将应用程序分解为微服务可以实现更快的开发、更轻松的错误检测、更流畅的维护、更灵活的配置以及更高的可用性和可扩展性。在应用微服务架构的人中，大约87%的人认为，它可能很快就会成为高管和项目经理最喜欢的应用程序，在应用程序开发中使用微服务架构会非常有益。

由于微服务的独立性，较小的开发团队就可以并行处理不同的组件，以更新现有功能。微服务可以提供更好的可扩展性，独立启动单个服务，以不同的语言或技术开发；由于微服务本质上是粒度的，开发团队很容易在一个微服务上修复错误，然后在不重新部署整个应用程序的情况下重新部署。通过微服务，开发人员可以自由选择最适合特定微服务及其功能的技术栈，而不是选择一个包含应用程序所有功能的标准化技术栈。

三、如何制定技术方案

参考技术路线图，当我们决定落地某项智慧营销项目时，需要根据企业实际情况制定技术方案。任何一个技术领域下，都会有大量细分的技术团队、产品、方案可供选择，但并不意味着选择技术方案是个简单的挑选过程。

正如一个项目的成败，取决于"天时地利人和"各种因素，选择一个技术方案，同样需要考虑到方方面面。

我们推荐从三个维度优先评估技术方案的选型和制定。

1. 针对技术领域下的专业评估

技术领域的专业评估维度很多，智慧营销就是将营销和信息数字技术相结合，打造出了对消费者具有新鲜吸引力的营销模式。这里最佳的方案是参考Garner技术成熟度曲线的方法进行思考，评估技术正处于进化曲线中的哪个阶段。

Gartner 把技术成熟度曲线按照技术的生命周期划分为五个关键阶段 [1]，分别如下:

技术萌芽期: 潜在的技术突破即将开始。早期的概念验证报道和媒体关注引发广泛宣传。通常不存在可用的产品，商业可行性未得到证明。

期望膨胀期: 早期宣传产生了许多成功案例，但 通常也伴随着多次失败。某些公司会采取行动，但大多数不会。

泡沫破裂谷底期: 随着实验和实施失败，人们的兴趣逐渐减弱。技术创造者被抛弃或失败。只有幸存的提供商改进产品，使早期采用者满意，投资才会继续。

稳步爬升复苏期: 有关该技术如何使企业受益的更多实例开始具体化，并获得更广泛的认识。技术提供商推出第二代和第三代产品。更多企业投资试验，保守的公司依然很谨慎。

生产成熟期: 主流采用开始激增。评估提供商生存能力的标准更加明确。该技术的广泛市场适用性和相关性明显得到回报。

技术成熟度曲线

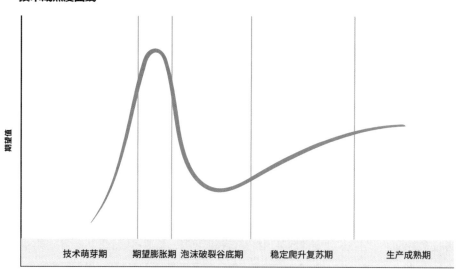

阶段

我们可以依据所处行业与个人风险偏好，利用技术成熟度曲线了解一项新兴技术的相应前景。进而来判断是否应该早点行动。

例如，当我们决定尝试"虚拟人"应用时，应当意识到该技术领域属于"技术萌芽期"，是否能够高性价地获得立竿见影的业务价值，决定了我们的预算、选型、项目范围和期望值。

与此同时，我们必须指出技术成熟度并不意味着产品成熟度，考察和选择技术方案同样要考虑产品化和商业化的成熟度，例如产品是否具备与上下游技术衔接的能力，是否具备开放性可调用的 API

[1] kafka 中文社区 . Gartner 技术成熟曲线详解 [EB/OL].
2021—12—06. https://blog.csdn.net/kafka_zsxq/article/details/121740551

接口平台，是否具备开箱即用的条件等，都会影响到企业应用的实施难易度和运营成本。

2. 应用领域在营销业务链路中所在的位置

在营销链路中，越靠前端的应用场景，外部依赖因素越多，技术迭代越快；相反，越靠近营销链路末端应用场景，业务流程越稳固，企业内部可控性更强。总之，业务决定了技术应用场景的迭代。

比如，在内容营销这个业务场景下，近几年内容形式层出不穷，从传统的软文、海报形式迅速扩展转化，出现视频、互动题材、VR/AR、游戏化营销等各种形式的新兴媒体。在这样的业务场景下，智慧营销建设，应该优先选择能够快速对接各大平台，以季度甚至月度迭代的 SaaS 服务商，高速持续迭代的产品和服务商。

再比如，这几年里服务于房地产行业的平台业务天猫好房、字节幸福家、快手理想家层出不穷，房地产开发商在资源有限的情况下，完全可以采取产品外采以快速适应形势，只要确保在数据安全可控、可回流、可评估的形势下快速达成业务价值闭环。

而在内部管理、交易、物业服务、会员平台这样的业务场景中，业务流程较成熟，各个品牌开发商有自己的想法，更适合选择以私有化部署服务方式为主的成熟产品和服务商。

3. 根据企业的实际情况制定技术方案

技术方案的好坏，并不只是看技术方案本身的先进性。落地到企业中，一要看有没有合适的组织机构、用户来使用技术方案，将技术能力发挥出价值；二要看技术方案所需要的数据基础是否存在，智慧营销的技术落地，往往取决于已有的数据质量和积累情况，没有足够的数据，再好的算法和逻辑也是水中之月；三要看技术方案前后链路是否足够支撑完整的系统闭环，以及是否符合技术路线图的发展路径。

1）参考企业智慧营销团队和用户情况

智慧营销的变革，离不开组织架构设计和团队建设；只有综合企业自身智慧营销人才储备和搭建的情况，方可匹配相应的技术方案。加入企业核心团队能力有限，或是缺乏智慧营销人才，工具再好也难发挥价值，宛如"小兵舞大刀"，可能适得其反。

2）参考企业现有客户数据资产的积累情况

近几年，我们看到客户数字资产的理念得到了充分发展和重视，房地产企业的信息化建设重点早已从 ERP 系统转向客户管理系统，甚至很多客户开始尝试建设跨业态的会员体系。但这远远不够，房地产企业在过去几十年的发展过程中，粗放经营甚至将自己的客户资产拱手于中介和代理机构，导致在客户资产沉淀上落后于其他行业的平均水平。我们需要持之以恒地进行更大规模的客户数据收集与整理。

评价房地产企业的客户数据资产积累情况，一看客户数据量。由于传统成交管控思路的局限性，大量房企对客户的定义局限留电客户，甚至仅限到访客户或者成交客户，忽视了在营销前链路上触达到的广泛客户资源；如果我们认为广告投放、公域触达客户在留资、到访环节转换率为 5% 左右，那么可以说每一个到访客户，背后隐藏着上百个潜在客户。收集和管理好前链路客户数据，无疑意味着客户资产的流失和营销费用的浪费；二看数据维度丰富度。相对其他行业，房地产的潜在客户可能意味着上百万元的成交，单个客户线索价值巨大。珍惜每一个客户数据，不能停留在对客户的群体分析和画像上。三看数据质量和时效性。客户数据不仅仅是台账，品牌开发商的现状在于广泛收集成交客户的手机号码却从未校验和整理，甚至时隔多年不对数据进行清洗、验证，以及缺乏有效的触达、促活手段，导致这类客户数据成为企业"伪资产"，食之无味，弃之可惜。

只有在正确评估现有客户存量资产的基础上，才能够正确评估企业智慧营销建设在哪一阶段，是否具备客户精细化运营的条件，是否具备智能化自动化的运营条件，甚至是否需要从头再来。

3）技术方案的选型，应当参考技术路线图的发展路径

在同一技术领域内，优先搭建基础动作，数字化智能化随行，再向理想与愿景层面挺进。离开技术路线图的指引，要么难以完成业务价值的闭环，要么犹如无源之水，难以为继。

第四节　持续丰满的数据资产

本节我们将重点阐述可持续优化的数据资产对房企未来发展的重要性，数据的价值在于应用，在于可持续化的优化，只有这样才能通过数据应用解决商业问题，体现出数据商业化变现的机制，在市场化的行为中，数据建设也往往需要商业驱动。所以，数据的持续优化最终都是为了解决商业问题。离开商业谈数据，就是空中楼阁。

一、数据资产是未来房企未来的核心资产

从 2015 年"云栖大会"马云提出人类已经从 IT 时代进入 DT 时代（Data Technology）——以服务大众、激发生产力为主的技术的时代，未来的核心资源是数据。到 2016 年的"云栖大会"阿里巴巴公司再次提出了"新零售、新金融、新制造、新技术、新能源"的五新理念，真正意义上把 DT 的技术价值上升到产业价值。但彼时，企业对数据的价值认知度还不高。

《失控：机器、社会与经济的新生物学》的作者凯文·凯利（Kevin Kelly），曾指出："未来拥有最多价值的数据资产企业，市值会是最大。那些有价值的数据资产，才是一家企业的核心价值"。

任何一家企业，他的 IT 系统可以被复制，流程和组织可以被模仿，员工也可以跳槽，唯有数据是不可被复制和模仿的，因为数据是企业独一无二的资源，企业如果能充分基于这些数据资产，可以衍生出很多创新的产品，为客户提供差异化的服务，这些数据所能体现出的价值就能创造出更具竞争力的企业护城河。

在 DT 时代，企业掌握的大量数据，就犹如掌握了一座蕴含巨量财富的金矿，一旦得以开发，随着大数据的多领域应用，也必然能够带来可观的经济效应。例如 BAT 等移动互联网的佼佼者，都在

充分利用数据的价值为客户服务，也在享受着数据带给他们的商业价值。由此可见巨头们因为有海量的数据沉淀，切入大数据是自然而然的事情。这就是大数据的魔力，未来有价值的公司，一定是数据驱动的公司。

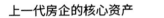 

数据将成为企业核心资产

　　那么问题来了，没有互联网公司海量的数据，传统企业应该怎么办？答案就是传统企业，不论企业规模的大小，首先要有大数据思维，知道并认同大数据是可以改造传统业务，并创造新的商业价值，同时在企业经营当中，有意识地积累和储存各种数据，同时，多利用第三方平台的资源，为自己所用，享受大数据的红利。另外，传统企业们也更应该抱团取暖，积极地赋能上下游的产业，将数据开放、共享，才能实现共赢，才能真正享受大数据带来的商业价值。

　　因此，我们要思考的是，在企业众多的数据中，哪些数据可以作为企业的资产，或者说未来哪些数据才是真正提升企业商业价值的数据？或者是什么样的数据能够成为资产，企业该如何来衡量和判断呢？其实用一个简单的方式即可判断："可以用钱来衡量，可以变现的，并能够给企业带来经济利益的数据即可定义为企业核心的数据资产。"举例说明，阿里巴巴可以利用自己掌握的用户消费信息，作为银行等金融机构批复贷款者的重要依据，阿里巴巴也可以从中获得基于大数据提供方的收益等。同时也可以通过客户访问淘宝、天猫的行为、偏好等数据，为客户推送基于数据模型算出来感兴趣的商品，从而完成交易。同时也可将客户群体的画像通过投放平台反向输出给商家，为商家提供更精准的投放平台，从而实现数据的商业化变现。这样横向对比大的互联网公司的变现模式，就不难得出，只有客户数据资产才能成为企业核心的数据资产。

　　地产行业作为国家支柱产业，在过去 20 年里，房企也从关注经营、投资管理类的数据过渡到关注交易类数据，但在当下地产行业"房住不炒"的大环境下，已经开始有房地产企业开始关注客户数据，关注客户的数据，包括客户的喜好、客户的行为等数据。通过对客户数据的洞察为一线营销进行赋能。

　　但由于数据管理的复杂性，大部分房企往往缺乏整体规划，不同的业务线在管理过程中都存在数据管理规范匮乏的问题，导致各业务系统中数据存在不完整、缺失、冗余的现象，致使很多数据只是用来统计报表，难以实现已有数据的商业化，更不用说依托数据实现业务创新或者商业化变现。

为什么互联网公司可以做到指数级的快速增长
核心——掌握用户数据，用户获取的边际成本趋于零

2018 年，万科提出了"沃土计划"，在地产行业第一次提出，地产行业由卖方市场进入了买方市场，已经开始由从资源获取转换为以客户需求为中心的时代。万科在行业内构建了第一个以客户旅程为核心价值提炼的"客户数据中台"，在过去的四年中地产行业内逐步开始有房企陆续构建了自己的数据中台，远洋、旭辉、时代、龙光、越秀等房企，都陆续构建了企业的数据中台，但仍然面临挑战：数据量小，很难形成有效的价值输出；数据质差，没有有效的数据，尤其是和客户相关的数据，所以难以为业务赋能，难以为营销提供有效的弹药。

综上所述，房企要想真正意义实现数据资产化、商业化，前提除了要有数据思维外，还必须创造出更多的数据，创造出更有商业价值的客户数据资产。要能做到这些，就必须做到可持续优化的数据资产的积累．这是一项长期的企业战略。

二、持续的营销业务数据化

2016 年阿里云提出"中台"概念，其核心本质就是"业务数据化、数据业务化"，只有不断业务数据化，才能更好地数据业务化，数据才能发挥其企业核心资产的价值。

所谓业务数据化是指将业务过程中产生的各种痕迹或原始信息记录并转变为数据的过程。业务数据化从本质上说是用数据表现和解读业务。业务数据化并非什么新鲜事，从 OA 系统、CRM 系统，到 ERP 系统其实都属于业务数据化，只是由于地产行业许多业务是在线下展开，完全数据化十分困难。借着互联网，尤其是移动互联网的普及，DT 时代来临，才有条件有效实现更完善的业务数据化。

简单来说，业务过程中能生产出数据，把这些数据沉淀和收集起来，通过数据库进行存储，做到这些只能算是完成了简单的数字化，还没有达到数据化的阶段。数据化侧重结果，将数字化的信息以指标化的形式有条理、有结构地组织起来，便于查询、回溯、预测和分析等，做到这些才能称为业务数据化。

企业在业务数据化的过程中，数字化是一个必不可少的环节，那么什么样的业务值得企业实现业务数据化，什么样的业务是相对容易实现数据化的，根据地产行业的特点，营销业务更适合成为企业数字化转型的第一步，并能在业务层面更快体现数据化的价值。

所以，房企在数字化转型过程中能更好地实现业务数据化的业务领域就是营销业务，原因有如下几点：

- 营销是房企的刚需；
- 需要应对快速变迁的用户触达渠道、用户的需求等"新营销"的场景；
- 营销业务数据化的成果最能快速在业绩中体现；
- 相对其他复杂的业务场景，营销数字化更容易实现。

那么我们如何更好地构建业务数据化体系呢？

首先，我们需要清楚，营销的目的是什么？营销的客户是谁？这些客户在哪里？我们应该如何触达到他们？这里就需要解决两个关键点：全域客户触达，触达方式和工具。

从 2020 年开始，大批房企开始构建自己的"在线售楼"的小程序，但这只是解决了营销业务简单的数字化，并未做到数据化，对营销业务起到的作用也微乎其微。

房企在全域触客手段单一，工具单一，是造成营销业务不能充分数据化的原因之一，其核心还是对智慧营销的理解和思维认知上的不足。导致在构建企业智慧营销业务体系的时候，还是把营销业务的思路定位在管理的思维上。

当然，已经有大部分房企走过了营销业务数字化的 0 到 1 的路，那么接下来房企该如何实现业务数据化？

一是，房企应该迭代对智慧营销的认知，那么就需要搞清楚我们的客户在哪里，我们需要用什么工具去触达，触达后我们能拿回什么数据。有了这些智慧营销的思考和认知，我们就知道如果要构建营销业务数据化就需要从以下几点来构建房企的营销业务数据化的体系：

- 线上线下营销业务全面数字化
- 构建新的数字化内容营销体系
- 触达更多的潜在客户
- 获取更多客户行为数据
- 获取更为丰富的营销业务数据
- 跨部门、跨项目、跨城市、跨区域的数据整合

二是，要保证营销业务数据化是一个房企数字化转型中必须考虑的战略，要从战略、规划、落地作为企业战略来重视；

三是，不但要在战略上重视，而且要在制度上给予一定保障和支持；

四是，要从规划上突破固有思维，比如，有些房企在落地营销业务数字化的过程中，固执地认为微信小程序就是智慧营销业务的一切，在如今智慧营销领域，出现了全域营销、内容数字化营销、私域运营等新的技术、新的玩法，这就需要 IT 部门和营销部门突破固有思维，打破部门墙，跳出小我；

五是，在落地上要能够可持续化，不能三天打鱼、两天晒网，导致营销业务数据化的过程中数据不连续、不可持续，无法有效进行数据分析。

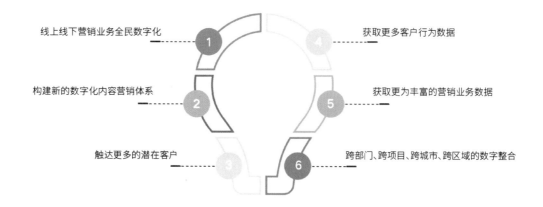

线上线下营销业务全民数字化 ①
获取更多客户行为数据 ④

构建新的数字化内容营销体系 ②
获取更为丰富的营销业务数据 ⑤

触达更多的潜在客户 ③
跨部门、跨项目、跨城市、跨区域的数字整合 ⑥

三、持续的客户资产数据化

随着移动互联网发展成熟，客户代际更迭，营销主需要满足消费市场迅速崛起的个性化消费需求，推出适应新时代客户喜好的营销方式，顺应新的需求制定营销策略。

根据麦肯锡上网时长数据统计，中国每人日均上网时长已达到 358 分钟，其中 2/3 的上网时间花费在社交及内容应用上，包括社交、短视频、新闻等应用，客户的注意力争夺战日益激烈且每年战况都会发生变化，营销主应快速调整投放渠道以及布局方式以快速应对客户的注意力转移。（注：数据来自麦肯锡《2019 中国数字消费者趋势》）

从纸媒时代到移动互联网时代乃至未来的万物互联时代，很多原有触点消失，又有新的触点涌现，自有触点和外部触点同样越来越复杂，企业应积极应对数量激增的触点数量，拓宽入口，紧随时代变化。

随着流量红利衰减，公域流量费用变高，传统广告性价比逐渐降低，搭建"不用付费，可以任意时间、任意频次、直接触达到用户"的私域流量渠道对于企业来说极为重要。

地产企业获取新客户的成本越来越高昂，特别是在当前流量红利殆尽的情况下，提升获客效率，降低获客成本就成了当前实现增长最重要的环节。房企要想在未来，在智慧营销上能精准地触达客户，就必须了解客户，了解客户的喜好，了解客户的线上行为。

房企要想做到客户数据不断地资产化，应该要做什么呢？

1. 触——全域客户触达

过去房企在触达客户时，大多采用的是通过公域广告平台触达客户，在私域触达客户的手段单一，房企要再创造出更多的触达客户的场景：

- 老业主触达，可以通过企业微信建立触达，实现老业主的召回；
- 数字化的内容营销，通过数字化的内容，让内容自主传播，触达更多的客户；
- 发力抖音的达人矩阵，让抖音达人助力房企触达更多客户；
- 重视线下客户触达的数字化。

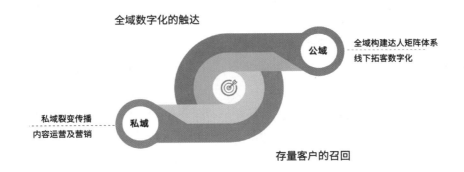

全域数字化的触达

公域
全域构建达人矩阵体系
线下拓客数字化

私域裂变传播
内容运营及营销
私域

存量客户的召回

全域客户触达

2. 采——全域客户数据采集

这是大部分房企的痛，纵观全行业，基本上没有哪一家企业在客户数据采集上做得特别好，这直接导致客户数据赋能营销业务的时候捉襟见肘。所以房企亟须构建一套客户数据采集的体系、工具。为数据业务化提供更多可分析、可赋能一线的客户偏好数据、客户行为数据、客户社会属性的基本信息，以及通过算法模型评估的客户价值数据。

3. 聚——全域客户数据汇聚

在过去的几年里有不少头部房企构建自己的客户数据中台，用来汇聚全域客户的数据，但是都面临一个问题，就是如何运营好客户数据中台，如何让客户数据中台输出更有价值的数据。这就要求房企能够源源不断地、持续地汇聚广告投放数据、客户触达采集的数据、客户运营的数据、业务数据，为客户数据中台提供更丰富的客户数据，这样才能为地产公司中不同角色提供实时、多维度的数据分析和智能决策的数据模型。

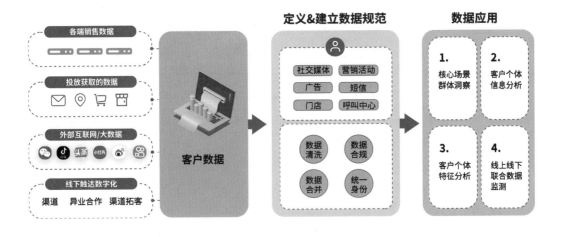

全域客户汇聚及数据采集

4. 存——全域客户数据沉淀

房企在过去 20 年一直没有重视过客户数据，并没有很好地沉淀客户数据资产，在当下私域的价值逐步凸显时，房企也需要逐步构建自己的私域池，一个可以随时在私域里链接客户，随时在私域里唤醒客户，随时在私域里运营客户的美丽私家庄园。当下众多房企构建了基于企业微信的"客户资产池"。

通过"触""采""聚""存"房企可以有效地做到客户数据资产沉淀，但如果使其发挥商业价值，就需要房企构建一套完整的、可持续的数据资产沉淀的运营体系，来保障客户数据是可持续的沉淀。

四、数据资产的商业化变现

在理解数据资产商业化变现之前，我们首先要理解数据业务化，即：什么是数据业务化？为什么要进行数据业务化？如何实现数据业务化？

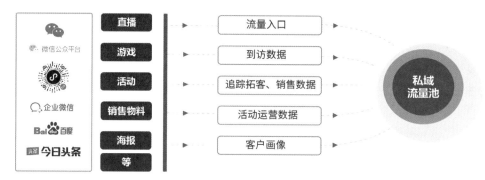

全域客户客户沉淀

数据行业内普遍的看法是，数据业务化是指通过对业务系统中沉淀的数据的二次加工，形成一系列的数据模型，通过数据模型，帮助企业找出数据中的规律，让数据更懂业务，并用数据驱动业务的发展，将数据应用到各个业务的运营当中，让数据反哺业务，并通过数据的结果呈现，创立新的业务形态，最终释放数据的商业价值，完成数据价值的商业化变现。这一套方法论基本上是互联网大厂在数据商业变现的基础。

对于重视数字化转型的房企来讲，数据业务化是一项长期工程，推进数据业务化是数字化转型战略落地的需要，是赋能业务运营的需要，也是数据价值变现和数据技术团队自身价值实现的需要。

1. 数字化转型战略落地的需要

数据是企业的战略型资产和重要生产要素，数据业务化是推进房企数字化转型落地非常重要的一步。数据业务化能促进数据资产的价值挖掘，发挥其作为生产要素在业务运营中的加速器作用。

2. 数据驱动业务运营的需要

从营销业务的角度来看，随着客户的数字化，业务的数字化、在线化已势不可挡，企业的业务运营全面数字化已成为大势所趋。企业需要快速、灵活地响应用户的需求变化，应对市场竞争的瞬息万变，企业想要在未来的竞争中获得新的商业价值，就需要通过数据的力量，对数据进行产品化和服务化，帮助企业洞察客户需求的变化，保持与客户实时的互动沟通，还能洞悉市场风云变化，提高运营决策效率，降低决策风险，同时也能发挥润滑剂的作用、提升业务运营效率。

3. 数据价值变现的需要

数据如果不能应用于企业的经营，不能发挥出价值的话，对于企业来讲就是一项需要长期负担的成本。因为，数据从采集、清洗、存储到治理，整个数据生产与维护的链条需要耗费大量的人力和物力。数据只有融入业务才能实际产生出价值，数据闲置不用就会成为垃圾资产。数据是沉睡的雄狮，你不叫醒它，那就没有价值。数据价值挖掘首要的是通过数据业务化，将数据打造成企业新的产品，为企业内部的业务运营赋能，其次就是通过适当的方式进行对外价值变现。

4. 数据技术团队价值实现的需要

如前所述，数据资产的管理和维系需要投入大量的人力和物力，而且养活数据技术人才的成本一直是节节攀升的，数据技术团队由于一般不直接创造营收，长期以来都是企业的成本中心。为了能在企业内部的地位更加稳固，为了更充分地实现自身价值，数据技术团队都有意愿向前跨一步，在与业务团队进行紧密融合的过程中，发挥自身的价值。从长远来看，数据技术团队都有意愿从成本中心向利润中心转型。决策者应该意识到，数据业务化为数据技术团队更快地融入业务提供了舞台，满足了数据技术团队价值实现的需要。

5. 房企数据商业化的路径

综上所述，房企在数字化转型中，数据业务化非常重要，那么房企如何实现数据的商业化呢？通过大数据商业化变现的方式有很多，但是基于地产行业的特点、垂直行业的属性，以及商业化变现的逻辑，通过分析和总结发现，房企要实现数据商业化的途径主要有以下两种方式：

1) 内部赋能变现——数据赋能型产品，通过数据赋能营销业务

内部赋能是房地产行业数据商业化的常见形式，是商业化很重要的手段，也是地产行业比较符合数据商业化变现的方式。

房企对内数据产品化的出发点还是为了服务于业务部门的决策与运营。比如：CRM 帮助业务部门更好地管理客户;BI 系统通过数据的方式更好地呈现业务部门的 KPI;CDP 通过客户运营管理平台，可以帮助业务部门更好地运营客户。DMP 可以帮助业务部门更好地进行数据的管理。当然这一切内部赋能都要求企业有丰富的、持续的可经营的数据，所以数据业务化、商业化的基础是数据。

还有一种极致的内部赋能变现的场景，尤其是房产集团，由总部统一构建数据服务的产品，再由业务部门进行内部交易，实现数据产品变现，并且也能将集团 IT 部门由成本部门变成盈利部门

2) 外部变现赋能——通过数据服务，赋能外部客户

数据除了可以产品化以服务于内部赋能之外，还可以采取适当的商业模式服务外部客户。将数据加工和封装、脱敏后服务外部企业客户，一方面能满足外部企业的需求，另一方面还能体现数据的变现价值。数据对外服务通常采用 SaaS 和 PaaS 的方式，通过 API 服务和订阅制服务的形式。

举个例子，比如美的集团旗下的"美云智数"，原来只是希望用数据赋能自己的业务，在后续的发展中，深入结合自己制造业的业务实践与管理实践，开始为其他制造业企业提供全价值链数字化解决方案和云服务，促进制造企业的互联网化、智能化、移动化。

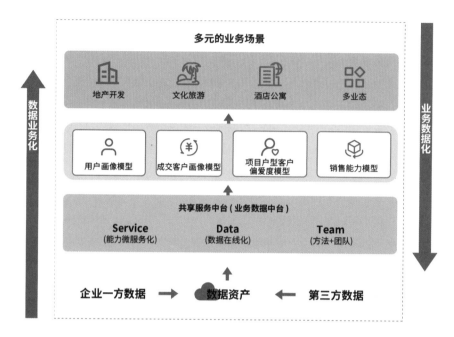

数据赋能企业业务

数据赋能外部客户

五、数据资产沉淀

数据资产是指公司用来产生收入的系统、应用程序输出文件、文档、数据库或网页，数据资产是技术时代最有价值的资产之一，现在被广泛认为是推动业务价值的重要因素。正如有形资产货币化一样，企业数据和服务在资产负债表上同样具有财务价值。通过数据资产管理DAM（Data Asset Management）和竞争力成就规划CAP从企业数据和服务中提取业务价值，从而提高企业的运营绩效。维护公司的数据资产有助于公司改进决策，为客户提供更好的服务并产生新的收入来源。在每个行业领域，公司都在竞相积累独特的数据资产并开发数据利用方法，通常包括其客户兴趣、消费行为、社交媒体、预算以及战略计划等的数据，收集的信息被管理并细化为可用的信息，使企业能够更好地为其客户服务并保持在市场上的竞争力。

那么如何管理数据资产？通过数据资产管理，许多组织正在改变其设计和管理业务及技术组合，以便规划、设计和执行数据业务，为核心业务及流程结果带来更成功和更高效的方法。

1. DAM 的业务价值：从洞察走向赋能业务创新，形成核心壁垒

1) 以客户为中心，用洞察驱动企业稳健行动

DAM 极大提升了数据的应用能力，将海量数据转化为高质量数据资产，为企业提供更深层的客户洞察，从而为客户提供更个性化和智能化的产品和服务。

2) 以数据为基础，支持大规模商业模式创新

DAM 依托数据和算法，将由海量数据提炼的洞察转化为行动，才能推动大规模的商业创新。将数据变成业务人员可阅读、易理解的内容，这样才能更好地支撑商业模式的创新。

3) 盘活全量数据，构筑坚实壁垒以持续领先

DAM 的突出优势在于能充分利用内外部数据，打破数据孤岛的现状，能够降低使用数据服务的门槛，繁荣数据服务的生态，实现数据"越用越多"的价值闭环。

2. DAM 的技术价值：能力多、成本低、应用广

针对不同的数据应用场景，需要能够快速应对多数据处理需求。比如：要保持原来的报表需求，仍需要保持批量离线计算的能力（Hadoop、Oracle RAC）；针对准实时的指标统计和实时推荐，需要实时流式计算的能力（Storm、Spark Streaming、Flink）；针对决策类业务如海量人群的圈人需求和 ad—hoc 需求，需要即席计算能力（Greenplum、Elasticsearch、Impala）；针对高并发业务场景（如用户画像），需要在线计算能力（MySQL、Redis、Oracle）。

3. 如何通过 DAM 进行数据资产沉淀？

第一，提供企业内部管理的数据需求。按照新营销企业内部神经网络图的形式，进行综合的汇总、分析和关联，并将所需的海量数据在 DAM 进行汇总，这也使得企业内部的管理可以摆脱较重的人员水平因素的制约，使得企业内部管理工作简单化、透明化，管理及决策也更加精准和高效，助力企业更好地驾驭新营销业态。

第二，市场行业的数据需求。对于行业动态、市场趋势以及用户的研究，是新营销行业发展的重点。通过设置相关环节、措施、节点和服务内容，DAM 可以更加实时便捷地收集行业的动态数据、市场趋势与变化，并对各类数据进行深入的分析和研究，其得到的观点和视野将不同于第三方报告。

第三，在市场营销环节，企业可以通过 DAM 更加方便地获取用户数据，并进行如标签、建模等一系列加工分析，从而达到精准定位推送、精准营销，乃至"千人千面"的效果。

第四，数据互通、打破信息孤岛。打破多渠道、多系统数据互相割裂，以及会员权益信息不互通的窘境，利用 DAM，完成全渠道、多系统之间的信息互通，构建统一的用户体系。并通过系统自动分配权益及触发，从而为用户提供更好的体验，同时增加了品牌的粉丝黏性。

第五，服务提升需求。有别于过去以用户属性、消费金额和商品类型等分类的简单的画像处理，企业可以通过 DAM，对用户人群进行更加精准的 360 度画像，并对用户在消费上升趋势和走向中进行分类和判别，进而满足和引导消费者消费升级的内在需求。除此之外，智能优化供应链仓储布局、

配送网络，可靠近客户，满足快速送达需求，也能够增加用户良好的体验感。

第六，创新需求，探索智能的管理服务，利用人工智能与大数据技术，通过 DAM 开发出更多智能化的新零售应用途径与方法。例如，通过数据间的关联关系进行组合和优化带来的创新，通过数据对用户和未来趋势进行有把握的创新，在营销方式、服务提升层面进行创新等。

第五节　踏实地实施运营

一、运营对地产智慧营销的意义

过往的传统观念里，地产公司上线一个系统，基本都是由数科（IT）部门驱动，营销作为业务部门，在初期接受访谈、确认业务流程、优化需求，之后一直到开发结束，再参与数据迁移和用户培训等实施工作，往后，系统主要就是一个数据留存、过程管理的工具。这一类系统，以 CRM 和地产开发的主营业务管控、数据留存为主，最为典型的就是"供—销—存—回"ERP 系统，而线上运营的概念，大家并不熟悉，或者可以这么说，由于营销动作大多是在线下完成和执行的，"线上"这个概念对地产开发商而言，大多认为是一个投放的渠道通路，而非一个完整的链路和阵地，所以，大家并不认为运营需要专门关注。

然而随着 2020 年新冠疫情暴发，线上售楼处一时成为标配基建；再加上开发商去中介、发展线上自有销售渠道和通路的诉求，地产行业正式进入智慧营销阶段，开始探索和拥抱营销过程的数字化。自此，智慧营销运营这一概念开始被大家关注和认同。

1. 地产项目销售过程需要运营

一个进入平淡持续销售期的项目，客户从获得项目信息到最终落定成交，平均需要半个月到一个月的决策周期；如果是还未开盘的项目，情况就更加复杂，自推广开始一直到开盘销售，短则 3 个月，长则半年。在这漫长的时间里，营销团队需要持续且有节奏地输出信息、组织现场开放和活动，不断邀约客户到访售楼处，并在过程中摸排客户的意向，夯实客户信心并进行合理引导，确保开盘的高转化和高去化。这一个过程，过往都是线下执行，但当我们进入智慧营销的时代，一切将变得不同，有了系统工具的帮助，客户与项目的交互将有可能从线下向线上延展，在大家已熟知的线上售楼处、VR 带看之外，内容与活动的线上交互、置业顾问和客户的交流过程、客户意向的摸排……这一系列过程都有机会实现数据留痕，这些数据的意义与价值，无须赘言。而如何一步一步实现这些线上的互动并达成预期的效果、如何根据数据所提示与反馈的信息，及时地校准、优化和调整，这就是运营的价值和意义。

2. 客户需要运营

营销的核心即客户，从最初的客户研判，到后续触达客户、吸引客户到访、实现客户的成交转化，需要持续的输出与交互，并对过程中所有内容、动作与效果的关系进行分析。更重要的是，无论成交客户或是到访客户，甚至只是线上留资（留下个人资料）的客户，只要沉淀到开发商私域池中，对他们进行持续而有效的运营，通过技术赋能（比如拼多多式的多级裂变，比如贝壳 ACN 式的多人多级分佣），使客户的传播热情得到最大程度的激发，实现远超于传统营销模式的传播裂变效能，借此所产生的新客户线索、推荐购买以及客户在不同项目之间的流动（通盘通客）与增复购，将极大程度为开发商实现营销费用的效能提升。

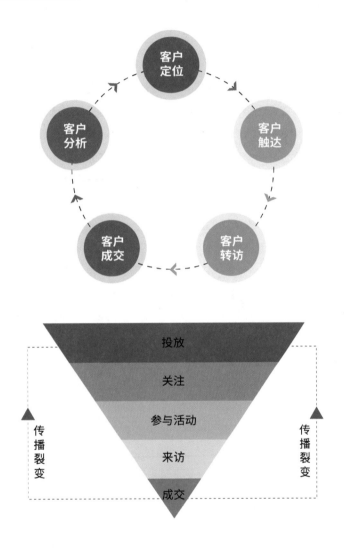

3. 实现数据留存的意义巨大

1）实现客户数据全面而真实的留存

无须赘言，客户的特征属性、身份职业、家庭结构、购买能力、消费偏好、兴趣爱好、置业目的、置业核心关注点、购买 / 不购买原因等，形成的客户描摹，是营销所有工作的起点与终点，是指导项目的产品策略、推广策略、销售策略的核心。过往传统的客户信息获取，依靠销售人员在 CRM 系统中的手工录入，客观地说，因为录入工作的繁琐以及某些高转化指标的要求，往往大部分的项目，仅能保证成交客户数据的相对完整，但大量的到访未成交客户，其数据完整性、真实性、准确性质量都不能算高。因此，有一个强大的智慧营销工具系统，就显得尤其重要，一方面，它将客户数据的范围从过往的线下接待往前延展至线上触达，意味着从获客漏斗的最起始即开始记录客户，最大程度地实现了客户信息留存，更重要的是，在充分实现全链路智慧营销运营的项目里，由于智慧营销系统的工具能力，客户从被触达到后续的持续跟进，交互与行为过程都能够被系统记取并被智能化地进行标签分类，如此沉淀的数据，由客户真实行为产生，较过去传统的销售人员手工录入模式，其全面性和准确性都必将有质与量的双重飞跃。

2）实现营销动作与效果数据的闭环

在厘清客户后，地产营销推广策略将聚焦于内容输出、媒体渠道通路选择，不同的内容、活动再交叉不同的媒体通路，最终哪一个组合的费效比最优，后续是否需要进行调整优化，这一过程，过往传统营销的做法主要就是通过来访客户问卷和成交客户问卷，收集客户获知项目信息的来源通道；一方面，数据的准确性和全面性如上一段所述，是不够的，另一方面，过往只能获知客户的认知通路，但具体触达客户、给客户留下印象的内容究竟是哪一次，其实就很难确认并获得广泛的数据佐证。所以，甚至可以说，地产营销策划很多时候只能"凭经验办事"。

如果基于智慧营销系统展开，在清晰的客户链路之上，亦可延展描绘出营销动作的前链路，到底是哪一篇内容获得了更高的阅读量、传播量、转发量、客户浏览停留时间……再交叉客户的到访与成交状态，就可以非常精准地确认不同内容的质量；或者同样的内容，在不同的通路和传播渠道上，收获了不同的客户效果数据，那么通路和渠道选择的策略即可得出；最后，只要再结合每一个内容或营销动作的费用支出进行观察分析，那么应该如何整合资源，实现最优配置，便不再是"拍脑袋"或"凭经验"了。

3）团队人员数据

地产营销是一个重团队的工作，尤其是渠道和销售团队，基本都是10人打底，一些大项目，多个代理公司联合代理、自身渠道和外建渠道联动，上百人的团队也不少见。如果团队执行力与能力出现偏差，再精准的客户洞察、再高明的营销策略，也只是空中楼阁，无法落地。因此，经验丰富的营销管理者，都十分关注团队的执行情况。

在过往传统模式之下，对销售团队的管理更多时候建立在销售经理的日常观察和定期"盘客"之上，但在一个有效有序运行的智慧营销项目上，管理团队将可以更全面更及时更细致地掌握团队情况，发现问题，进行纠偏。比如，团队使用企业微信对客户进行跟进和管理，即可实时知道个人是否及时且按要求完成对客户的信息通知以及维护动作，而过往，这些信息实际上是很难得到准确数据反馈的；另一个典型的场景是拓客团队的管理，基于智慧营销工具赋能的拓客工作，打卡和地图功能结合，可以有效地管控任务执行区域与出勤情况，电子物料可直观地反映真实的拓客工作量，这一切，都将大大降低管理成本并有效提升执行质量。

在此基础上，再交叉团队执行的相应活动和内容，还可以对比分析同样的任务，不同团队和个人之间的执行能力、转化能力偏差，极高效地发现团队和个人的问题不足，进行辅导和调整；反之亦然，同一个团队或个人，在不同的内容和活动中，产生的效果数据偏差，可反推提示是否策划团队需要对内容和活动进行一些优化和调整。

二、运营的要点与关键步骤

固然对于地产营销人而言，智慧营销运营是一个全新的概念，但并不能说是一个全然无知的巨大挑战，实际上，营销的本质仍未被颠覆，只是基于智慧营销的产品解决方案，为客户和营销团队提供了一个线上的交互平台和阵地，原有的营销动作，需要在这个新开辟出的阵地上实施落地。因此，地产智慧营销运营的重点，将建立在对系统工具的熟悉和了解基础之上，做好业务场景与工具的结合执行，然后就是对数据保持持续的关注与敏感，及时地调整优化。

1. 系统工具的选择和建设

传统的系统建设过程中，实现和提升业务规范和流程标准几乎是必然需求，所以在智慧营销系统搭建的过程中，往往也会加入很多管控诉求。但智慧营销这样的创新业务，需要一定的容错和试错机制。首先需要考虑的，应该是用户体验，最基础必须保障的是符合用户使用习惯——易用与便捷，否则，客户或营销团队中任意一方不愿意使用，智慧营销的所有美好愿景都将是空谈。若还有一些对业务团队的硬性指标和要求，那么有可能会沉淀成对决策造成干扰的数据垃圾；其次需要关注的就是产品对客户和业务能带来什么价值与赋能，因为智慧营销之初心，就是革新，就是提效，只有能够为用户带来价值和效率的显著提升，才会令系统工具持续生长进化，进而带来更好的用户体验和价值兑现，形成良性循环。

1）建议关注的 C 端用户体验

（1）易用性：一看便知，操作简单；易于找到，便于传播。

（2）价值感：对不同的客户、在不同的应用场景之下，价值感可能是完全不同的。比如在线上展示这个场景下，展示内容清晰直观，内容形式丰富与翔实，可顺滑地实现在线咨询并得到及时高效的回复，可以便捷地把感兴趣内容转发给亲友；又比如在全民营销老带新的场景之下，转发推荐的操作尽量简单，激励的发放及时、准确，如果还能实现无感报备且多级分佣等在没有科技产品赋能之下几乎不可能实现的操作，客户将得到超预期的体验，进而回馈更高的参与热情与贡献。

2）建议关注的业务用户体验

（1）易用性：除了与 C 端用户一样需要的简单易学易用诉求之外，还需要关注多个功能模块和系统之间的整合，避免多系统或界面的复杂切换，更重要的是数据必须畅通，切不能出现重复录入的情况，否则，几乎可以推断，不仅用户的活跃度和好评度将受到极大的损伤，数据质量也将遭受极大的折损。

（2）价值感：对于业务用户，价值感更多地体现在可简化他们的工作，将过往需要重复操作或占用大量人工的工作实现简化甚至自动化、更直观地得到展示，这样的需求和渴望，出现在每一次科技团队和一线用户的访谈调研中；在智慧营销实践过程中，构建拥有强大的获客能力、能为项目带来更好的传播效果、带来更多更精准客户的技术工具是所有科技团队的不懈追求。

2. 团队建设

先进的生产工具，只是完成了基建的第一步，另一半同样重要的工作，是团队建设。否则，就好比虽有精良装备，没有训练有素、意志坚决的战斗队伍，依然无法取得战斗的胜利。但和传统的系统建设自上而下推动不同，如果只是简单地自上而下推行，没有得到团队的认同，只是完成任务式地执行，甚至应付，那么预期的目标是绝无可能实现的。所以，企业内部，一定要有自上而下的决心，亦要达成自下而上的认同，这样的过程，在中介强势、市场困难的情况下，更加难能可贵但又势在必行。

在达成团队共识的基础上，一个成熟的组织，还会完成相应的机制建设，一套好的机制，一方面可以让团队成员都能理解底线和要求，保证组织往着既定的目标没有偏差地行进，但更重要的是，好的机制应该是正向的，激励那些优秀的、积极的、创新的、贡献的员工，以最大程度激发出团队的热情和积极性。

最后，还需要做好团队的培训和过程赋能，确保每一个成员能够熟悉和了解工具，能够正确而又高效地运用，更进一步的是，还需要定期地进行总结复盘，将优秀的案例和经验进行分享和传播，将个体的经验沉淀为团队的标准打法，让成功成为常态，在文化、能力、机制三维发力，稳健推动组织效能提升。

著名的"杨三角"理论

房企智慧营销体系的建设、管理、运营等，均需要智慧营销团队来支撑。在智慧营销团队的打造上，房企首先需要明确各职位营销人员的职能，其次要利用标准化的专业培训推进营销团队快速成长，达到相应职能要求。基于对智慧营销专家的严格要求，房企需要根据岗位职能用科学办法规模性地培养出能赋能一线营销策划渠道团队的数字化增长运营专家群体。其中，领导一定是专家型领导，也必须是能灵活地激活内部和外部的业务高手。

职能		职能概述	关注指标
集团智慧营销运营官		1. 制定区域智慧营销目标、统筹计划铺排落地 2. 统筹区域智慧营销策略，联动推广策略，对线上获客进行管控，制度下发 3. 统筹集团媒体类战略合作框架资源的合作洽谈、投放等工作 4. 统筹小程序各项功能开发、完善及考核工作 5. 统一制定集团智慧营销工作的激励、评选及考核机制 6. 统一管控集团智慧营销人员培训及培养等	集团智慧营销目标达成率、制度的下发与执行监督、人员培训
区域智慧营销运营负责人		1. 制定区域内各项目智慧营销目标、统筹计划铺排落地 2. 统筹区域内各项目智慧营销策略、联动集团双月营销主题推广策略，下发区域内线上获客的管控要求及制度 3. 统筹区域整体网络资源，统一拓展与销售 4. 统一区域官微、视频号、后续官方平台等的内容管理 5. 形成内容运营标准化管理规范，落实区域帮扶培训工作	团队整体获客量、成交量、获客成本、成交成本
项目智慧营销运营官	内容策划	1. 根据项目智慧营销目标、统筹计划铺排与落地 2. 制定项目线上投放推广策略，负责网络广告投放洽谈 3. 提供智慧营销方法与项目智慧营销内容（图文、视频等），每日监测效果及反馈	获客量、获客成本、项目满意度
	流量运营	1. 管理各媒体投放后台及数据，实现项目投放需求 2. 操作和维护线上精准投放媒体后台，检测和优化投放全流程 3. 制定 SEM/SEO优化计划、内容关键词及出价策略 4. 投放全流程监测、数据分析等	获客量、获客成本
	客户跟进	1. 网络资源客户管理、分配，盘点线上客户销售跟进情况，促进成交 2. 管理网络客户数据、输出口径 3. 定期反馈智慧营销渠道到访与成交客户情况，配合盘客、报数等	客户留电转成交转化率
项目销售(现有团队)		1. 对接项目智慧营销获取的客户，深度跟进维护、邀约到访、转化成交 2. 开通各线上平台个人账号，输出内容（转发官方内容、自发传播正面内容），线上拓展客户。如论坛/问答网站、视频号、抖音、小红书等	获客量、成交量

智慧营销人员职能概述

3. 策略制定与选择

地产营销销售的是一套一套房屋，与传统消费品不同，因为所处的城市、地段位置不同，规划条件不同，哪怕是同一品牌开发商、同一产品线项目，都可能面对不同的客户群体，需要一盘一策制定不同的营销策略；甚至在同一个项目中，因为不同的市场周期、竞争环境或者是推售产品结构，都需要对营销策略进行调整。

因此，和过往传统营销一样，智慧营销也一样需要首先基于对项目的剖析、对客户的洞察、对阶段性营销工作目标的分解倒排、对团队能力和资源配置的盘点，再结合对系统功能的熟知，选择相应的智慧营销打法。比如在项目入市初期，选择可以快速实现传播影响力的霸屏活动；在已有老客户沉淀的项目或者深耕的城市，持续进行传播裂变和无感全民营销实现有效的老带新获客；在已知的目标客户聚集区域，使用二级分佣功能的全民营销工具，拓展相关商户成为传播链路的一环，几何倍地提升自身渠道拓客效率。

4. 数据运营

智慧营销，要求地产营销人有敏锐的数据意识和洞察力，具备数据运营的能力，才能实现智慧营销的闭环。智慧营销将给企业和业务积淀下丰厚的数据资产，通过数据反哺业务，指导业务，优化业务，就是所谓数据运营。数据运营分为三步：

第一步：设定运营指标。明确营销工作的成功指标，并进行分阶段分细项的拆解，同时还需要厘清达成指标所需关注的过程节点以及过程数据，否则将无法有效地实现过程管理与纠偏。每一个项目或者某一个运营专项，在起始时都需要进行指标设定，一类是目标指标，用以明确工作方向并对标评价，比如获客数量、成交占比或客户制标率等，这些指标都是开发商进行智慧营销所希望达成的核心目的；另一类是观察指标，这类指标代表着对于目标达成的关键因素思考，用以在过程中把控方向，并通过偏差及时定位问题和风险，以便快速纠偏校准，比如内容运营数量、老客户活跃度、线上咨询回复时长等，这些指标可以理解为过程数据而非目标，但为了达成最终的运营目标，必须高度关注并定期分析总结。

第二步：排名晾晒与问题分析。在明确了指标体系之后，就需要定期对数据所呈现的结果进行进一步跟进。目标类指标的达成，需要进行组织内部固化的晾晒；而观察类数据的偏差，是需要进行细致分析的，需要关注的是与计划或标准的偏差，同时也需要关注同比和环比的趋势变化，前者用以把控目标达成的风险，后者则可以帮助运营团队对团队状态、市场形势和客户反馈等情况有更敏锐的感知，以期更好地达成业绩和控制成本，或者避免目标和过程的偏差。

第三步：数据成果应用。最后，所有的数据成果都需要有明确的应用，在团队中晾晒数据，不求多和频繁，但一定要有明确的激励和督促，这样才能提醒组织内所有团队和人员始终保持着对目标的关注和投入，而那些分析所发现的问题，就应该及时地提出并给予解决方案，而其中所发现的优秀的

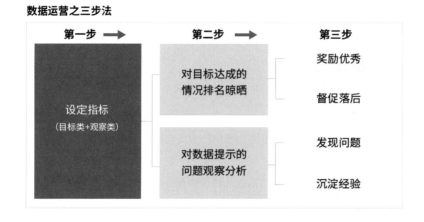

数据运营之三步法

数据表现，一定需要及时地进行经验沉淀并在组织内学习分享，甚至固化成为标准打法，内化成为组织的经验资产，天下难事必起于易，天下大事必作于细，事无巨细之后才是"步步为赢"。

三、运营在营销组织中的落地关键

在掌握了技术和运营的能力之后，如何在组织中做好运营的落地执行，除了在上文运营体系构建中已提及的之外，还需要有组织建设和机制保障。

1. 组织搭建

从 2020 年开始，各家地产公司都在着手探索地产智慧营销，之后三年，是悲喜交加、苦多甜少的三年，有些探索已经生根发芽，茁壮成长，在后面的章节中将详细重点地介绍。组织探索最早时候是兼岗或虚拟小组，到后期大家发现，这是一场革新，相应地，组织也需要进行变革，但不同的企业以及不同的组织的关注点和目标不同，其模式也会不同，以下就几种比较典型的情况给出相应的建议。

1）拓 + 销一体模式

"拓 + 销一体"的模式非常适合快速在项目启动试点，对智慧营销工具的使用也能快速反馈到效果上，这种模式可以实现对传统销销售、策划、渠道人员能力复合发展的要求和建设，做到更高效地获客与转化。此模式适合把运营工作聚焦在线下拓客的企业，或者希望快速落地试点，对系统与工具的要求门槛不高的项目。根据项目的性质和团队成员的资质，可以有两种方案选择：

策渠一体：有较高的调性，具备圈层拓客的基础，可发掘和运营关键客户的项目，策划的同事除了营销推广策划和物料设计、活动执行之外，更适合承担起关键大客户的管理，对获客进行全面负责，销售团队还是保持传统模式进行销售接待。

销渠一体：在习惯或适合进行地拓的城市和项目，可以进行销售和自身渠道团队的融合，置业顾问改变坐销的模式，也要负责外拓，在商家码等技术产品支持下，对客户地图所覆盖的区域进行商家经纪人的拓展和管理，所获得的客户都归属于拓展人，并由其进行跟进转化。

但无论选择哪一种方案，都需要关注两点：一方面关注线上获客的及时高效接待；另一方面关注在新模式之下的激励机制设计。

2）投放＋销售模式

此模式适合对公域投放有较高预期和投入的区域，在区域或城市设置智慧营销团队，项目原有的策划和销售团队负责内容创造策划与到访客户接待工作，区域或城市有专门外部线上创造策划服务资源，区域、城市有专门团队负责公域投放的运营与分析(建设开发投放平台并实现和CRM的数据打通)、有专门人员负责数据分析研究，线上接待团队负责线上线索的接待与跟进，通盘通客（贯通所有案场空间和客户），参与分佣。

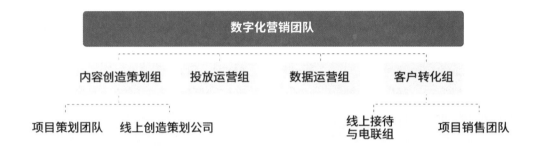

3）客户运营模式

此模式适合更看重客户线索跟进以及私域客户资产运营的房企，适合在区域／城市层级进行设置，以实现通盘通客地最大程度运营客户资源，同时可以分获客与转化两个主要模块来完成客户获得—运营—转化的过程，这样的组织形式，对技术工具有非常高的要求，需配置建设客户资产沉淀运营的工具与平台。

综上所述，不同的智慧营销打法需要适配不同的组织形式，但从集团与一线的组织和分工关系来看，都更加建议集团主要负责产品和赋能，而实战的组织，由于地产行业的特殊性，大型跨区域集团很难做到集团层面的客户统一运营和客户分配，所以建议下放一线，在区域和城市进行公域投放和私域运营，统一作战，以实现资源的最大程度通用；而项目应该更聚焦通过科技赋能更好地实现获客和跟客工作。

2. 机制建设

在进行智慧营销建设的进程中，集团和区域除了合理规划团队组织分工，还需要持续进行宣讲动员，培训辅导，统一共识，同时也需要行之有效的机制保障建设：

第一步：确定年度目标。组织一定要明确中长期的目标，这个目标在组织内人人皆知，并应争取得到所有人的认同，与智慧营销相关，这样的指标根据企业的不同阶段和目标，包括但不限于新增用户数量、智慧营销成交金额、智慧营销成交占比等。这些指标需要在各个组织团队中进行分解认领，牵引全员在资源和关注上重视与投入，为成功奠定方向基础。

第二步：制定组织激励机制。根据分解到各个团队的指标，制定团队间的竞争机制，这样的机制建议是分阶段延续的，比如月度或季度的评比或排名，这样可以保证整个组织内部关注的聚焦，也便于进行阶段的数据分析与应用。同时，也建议针对年度的建设方向和目标，设置一些专业奖项，鼓励优秀团队在优秀案例方面的沉淀和分享。

第三步：制定个人激励机制。比起对组织的激励，对个人的激励机制设计更为重要但复杂。因为组织激励更多时候起到的是方向牵引的作用，但只有团队中每一个人认同并感受到实在的价值，才会实现每一个个体的投入与努力，才有可能达到团队和组织预期的目标。因此，从绩效设计到佣金体系都需要重构，同时，与组织激励一样，也需要设置专项的奖项和奖励给到优秀的个人，鼓励大家参与获客、裂变、投入更多的精力和热情接待线上客户。

第四步：日常晾晒与指导。在机制设计并宣贯（宣传并贯彻理解）之后，集团和区域也一定需要持之以恒地将其贯彻，坚持定期地排名晾晒，更重要的是将数据进行拉通分析，从专家的角度组织数据解读和指导，并持续地组织经验沉淀，案例分享，帮助所有团队和个人成长、进步，共同收获业绩回报。

3. 激励体系

传统的营销与内容传播，都是成交之后才有提成"激励"，很难调动前端传播、裂变、互动的积极性，这也导致多年以来，"全民营销"靠的还是职业经纪人。全民营销、内容链能否形成更大的裂变、触达更多的客户，有效激励是关键。即在不同的营销阶段设置按效果激励节点，贯穿售楼过程中与客户的每个接触点。从滞后的成交激励，变为"多点、多层"实时激励。

真正分阶段按绩效激励，贯穿从触达至成交。如此一来，就是分点激励，分层激励，门槛就低了，这样就从过去完全线下用户推荐变成线下线上结合。比如基于一个项目做一个易拉宝，每天有人扫码咨询了，销售员就能得到钱；比如去异业门店做一个桌牌，每天有人扫码到访了，店主就能实时得到钱；比如可以按照内容质量给意见领袖（KOL）付费，按照传播效果给渠道付费，按照销售线索给相关人员付费，按照客户满意度评价分数给案场接待人员付费，按照客户转介绍给客户付费。这些结算容易实时界定，因此可以做到实时结算，参与者的用户体验更好了，而效果至少比过去硬做要好3~5倍。

建设智慧营销体系存在涉及业态多、参与部门多、波及范围广等问题。房地产企业需要建立多样、交互的协同工作机制与合作方式，确保项目进展。业务评估和分配机制方面，建立全过程分阶段激励、鼓励多角色协同、多维度KPI评估激励、尝试线上异业营销，制定更刺激内外部营销协同的激励机制很重要。

首先，在组织成员上要建立运营虚拟小组。数字化发展中心负责产品迭代、对标优化和数据反馈，事业部营销中心负责管控标准和奖惩措施，试点区域营销部负责落地执行和问题反馈。其次，在营销费用上要设立专项运营费用，以维持大型推广活动、日常奖惩激励和试点引流活动的正常运行。最后，一切营销活动都要向高绩效看齐，设置月度、季度、年度等量化指标考核，关注产品活跃度、用户满意度等指标，复盘经营绩效，促进产品迭代升级。

第六节　如何选择第三方服务商

大部分房地产企业都一直在建设智慧营销团队，但是效果不尽如人意，其自有平台现阶段的功能依然以线上推广和展示功能为主，销售还是依靠传统的线下渠道。究其原因，可能是没找到与之相匹配的营销方案，不熟悉智慧营销的底层逻辑，不知道去哪里找客户，广撒网式营销方案成本高，效果差，执行难。

尽管现在头部房企正在不断削弱第三方和渠道在营销过程中的地位和价值，但是对于第三方拥有的用户数量和用户数据却更加看重。在安全的数据访问内，依托海量的数据分析，形成完善的标签和模型，可以为房企构建出一个较为清晰的客户画像。很少有房地产企业能够凭借自身力量打通整个线上销售流程，前期选择第三方智慧营销服务商共创共建营销团队是一个很好的选择。那么房地产企业可以从哪几个方面选择合适的第三方智慧营销服务商呢？

一、技术方面的要求

数据应用能力。内容营销策略需要对接到媒体平台并激活应用，也就要把数据用起来。因此，营销方案提供方需要具备强大的数据应用能力，其中包括策略激活的对接技术和丰富的程序化购买实操经验，只有这样，双方才会处在同样的业务语言体系下，沟通时才会更加顺畅，客户转化的概率也会更高。

功能稳定可靠，操作简洁，自动化程度高。相比于传统的房地产企业营销场景，第三方智慧营销服务商要能够完成人工登记、填单等重复性工作，实现客户全生命周期流程上"云"。但由于一线销售人员数字化能力有限，所以产品的功能是否完善以及产品的友好度如何对营销效果的影响很大，产品功能稳定可靠，操作简洁，自动化程度高显得非常重要。

二、非技术方面的要求

服务持续稳定。第三方服务商是否经营稳定，能否提供长期、持续、不断接受挑战的服务是非常重要的考量因素。这方面可以考核公司的注册资金、成立时间、团队稳定性、是否在本地有服务团队等来确定。

共创共建，提供定制化功能需求。不同的房地产企业、场景遇到的营销问题不同，流程化的营销很难达到满意的效果，且一线销售员对客户如何运营缺乏方法，因此，房企与第三方服务商应共创共建，走出一条路，形成案例进行推广。

营销过程安全合规。智慧营销过程中涉及客户隐私、数据安全等问题，第三方服务商应有明确的相关规章制度和数据使用明细，来处理区域间不同的数据合规、技术安全可控等问题，实现客户信息、隐私管理透明化、标准化。

三、应用场景方面的要求

数据运营能力。场景精确化运营需要依赖长期的运营过程来持续迭代优化。积累的数据越丰富，模型就会越精准，给营销部门带来的价值也就会越大。数据运营包含的内容非常多，例如：数据运营流程的标准化营销过程中数据的采集和质量把控、营销过程中数据分析点的设计和解读、存量数据资产的质量分析和管理、分析模型算法的优化和迭代、营销效果的评估及算法沉淀、第一方标签的持续丰富和迭代等。

标准化产品服务指南。房地产营销场景复杂，第三方服务商需要根据不同的运营场景设计标准化的产品，从而不断优化数据质量和营销运营流程。如果不能提供标准化的产品服务，房地产一线销售人员很难实现流程化操作，内容营销一键触达、快速传播等服务也难以实现。

在政策发力调整、市场营销环境紧迫、房企内部数字化转型等背景下，房企尽快建设属于自己的智慧营销体系已经刻不容缓。本书的下一章，首先结合营销场景重点探讨：房企在智慧营销建设过程中如何搭建获客体系？如何通过智能邀约提高转化效率？如何通过全渠道平等判断客户？如何实现案场到访和企业微信沉淀的完美结合？如何实现自动化客户满意度回访，增强客户体验？如何跟进维系业主，实现长期运营？如何有效进行"一客一档"客户置标？其次是总结分析房企在搭建智慧营销系统时，如何实现多系统深度融合和搭建可视化多维度多级别的数据分析体系，并结合远洋等房企智慧营销实践经验，为房企建设智慧营销体系提供参考。

创意商场			海报素材库			
房企视觉形象设计	品牌标志	卡通形象	**产品价值**	**节日节气**	**经销节点**	**销售辅助**
楼书设计	辅助销售材料	3D沙盘	·地段优势	·中外传统节日	·土地摘牌	·案场氛围
周边礼品设计	社交媒体长图	文案/语音/插画	·景观展示	·24节气	·产品发布	·到访有礼
			·配套展示	·各类地球日	·售楼处开放	·政策利好
			·区域优势		·示范区开放	·项目热销

更加闭环 ... **更加整合**

推盘实例 & 图文模版

摘牌拿地	项目启动	品牌落地	项目起势	产品入市	样板区开放
集团官宣	项目规划理念	重点项目展示	交通配套	入市宣传	体验区报名/预约
案名发布	地块解读	明星业主采访	生活配套	项目宣传	智能特色说明

节点推文	验收交房	持销尾盘	认筹开放
暖场活动	交房需知	利好内容展示	认筹通知
促销推文	家具装修参考	项目动态展示	认筹流程

注：此处只展示部分模块，功能以实际产品为准

—— 贯穿开发商**全生命周期**节点的推盘实例和推文模版 ——

118

第五章
领先房企智慧营销建设实践

伴随着房地产行业进入"存量时代"，头部房企不断尝试数字化转型，试图通过数字化实现降本、提质、增效、减费，维持稳健增长。CRIC 数据表明，近三年来房企数字化转型进入高速发展阶段，年均数字化建设投入增长超过 40%。不完全统计，房企拥有数字化团队成员 50 人以上的超过 70%，并且大多由企业副总裁级高管直接管理。

智慧营销是房企数字化转型的重要一环，是企业的一项长期战略工程，房企必须做到"战略先行，投入持续"，规划好智慧营销体系建设蓝图，小步快跑，把握智慧营销的机遇期，构建自身的智慧营销能力和创新能力，走出一条房企智慧营销最佳实践道路。

第一节　传播有料：如何构建企业的
内容库及内容的快速传播

　　远洋集团为项目统一授权，将项目策划与销售个人上传相结合，快速收集项目价值内容，并通过内容中心生成数字化的内容，对不同的物料类型进行数字化赋能，销售一键转发给企业微信或微信好友的同时也使一线业务人员通过小程序物料传播快速有效获得客户电话，从而提高传播的效率，并且通过数字化物料的客户数据的采集，结合 AI 的算法能力，快速判断客户的意向度和活跃度，从而让传播更有效。

　　内容创建及管理：快速收集项目价值内容，并通过内容中心生成数字化的内容，对不同的物料类型进行数字化赋能，销售一键转发给企业微信或微信好友且"一处上传，多端使用"。

　　物料分发：销售电子物料统一由策划按照分类上传至百宝箱，类型分为场景物料类和形式类，方便一线快速查找使用，提高一线物料应用便捷度和满意度。

　　效果分析：通过数字化物料的客户数据的采集，结合 AI 的算法能力，快速判断客户的意向度和活跃度，从而让传播更有效。

第二节　获客玩法：如何搭建线上流量获取体系

　　移动互联网时代，线上流量被各大平台瓜分殆尽，房企如何有效地完成线上客户获取和沉淀呢？

　　从实践来看，专属于企业自己的私域流量池，最佳的选择就是基于微信生态来搭建，我的地盘我做主，企业微信的出现给了企业级应用这样的信心。那么问题来了，在微信这个生态里搭建地产企业的私域流量池要用什么工具呢？经过反复锤炼、艰难萃取的线上流量获客体系又是怎样锻造的呢？

一、多种线上获客工具赋能远洋实现线上流量汇聚
1. 企业微信海报裂变

　　裂变海报，是以企业微信或者微信服务号作为承接客户的载体，进行获客引流，快速获取线上客户，实现企业微信客户增量。

　　通过红包激励吸引用户和销售（双向激励），让客户扫码添加企业微信客户号为好友、获取专属海报，客户分享专属海报，每邀请 X 个好友，即可领取红包。

　　每一次传播裂变的海报都具备如下能力：

　　▪海报中展示个人头像，增加专属感；

▪ 海报中展示企业微信二维码，客户可直接扫码添加；

▪ 客户添加企业微信后，自动弹出海报生成器，便于客户生成个人海报；

▪ 客户生成的专属海报中，展示置业顾问企业微信二维码，轻松帮助顾问获客；

▪ 可配置双向激励，置业顾问、新客户、老客户均有机会获得红包。

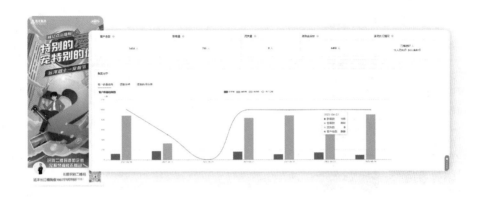

裁变助力引流，邀请多个好友助力，可免费获得有吸引力的奖品，来刺激用户在自己的社交圈进行传播，一传二、二传四、四传八的模式，指数级增长。使用企业微信去做裁变活动时，助力用户需要先加企业成员的企业微信为好友，再通过欢迎语推送活动图文，助力用户打开即助力成功。在整个裁变的过程中，企业可以获得更多的客户。从远洋集团企业微信智慧营销获客系统前三月运营数据看，平均一个海报图可以裁变 51 个企业微信客户，其中有效客户占比达 87%。

▪ 客户归因：同一个销售传播后的链条客户，都可以添加到该销售的企业微信；

▪ 快速吸客：通过传播裁变和奖品激励，短期内在线上形成快速获客；

▪ 三向激励：添加企业微信后，销售、传播者和被传播者都能实时收到激励。

2. 数字化的内容营销

没有获客能力的营销活动，就犹如没有 IOS 的苹果手机。原圈科技基于多年的地产营销的实战经验，及对 Martech 和 AI 技术的研究，结合远洋集团的营销特点，创设了数字化内容获客的模型，通过 AI 技术，让活动物料也能变成获客的工具。

智慧营销系统可以通过企业微信构建多元的、丰富的内容营销体系：

▪ 构建了丰富、多元的内容模块，如小游戏、调研问卷、各种类型活动页面等，快速构建多样性的互动内容；

▪ 依据地产项目的特点，支持应用到各种地产日常传播场景，适用于暖场活动、内容宣发；

▪ 基于用户体验为核心的营销策略，赋能内容页面不同的互动功能片，让用户以最短路径获得最佳体验；

▪ 过去是"人看内容"，现在是"内容看人"，基于企业微信搭建的数字化内容具备"自感知，自行动，自激励"的能力，主动把区域内有意向的客户筛出来，活跃起来，并和销售员建立联系；

▪ 数字化内容可以实时分析每个人、每次投放的触达和转化效果，实时按照"浏览、咨询、关注、留电、到访、成交"等效果进行激励，从而帮助房企在一线营销获客阶段，为项目获取更多的客户线索，从而让数字化的内容在传播的过程，真正体现谁传播、谁受益的宗旨。

3. 贯穿项目全生命周期的节点营销

在重要的时间节点，以一场聚人气的活动强化品牌、带动销售、回馈客户，不失为智慧营销的新转变。用后端销售与客户运营数据，优化前端广告营销效果，一体化的视角让营销实现"全链路"。在项目开盘前的几个不同节点，通过企业微信智慧营销系统去做营销活动，然后线上线下联动，沉淀大量的意向客户。

初次触达（产品形式）：一折购类、语音助力类、积分游戏类、裂变抽奖类、黏性养成类、趣味问答类、砍价赠券类、看房/车节等。

客户初筛：营销人员提供 AI 场景外呼服务，通过短信前置通知—AI 外呼友好致电—配置到访礼等流程，依据营销业务场景外呼，将客户导流至销售中心。

到访引导：营销人员通过引导用户添加企业微信、微信公众号、小程序等，沉淀客户数字化资产。与用户之间建立更深的连接，即使用户不在案场，依然可以再次产生关联。

活动效果：1 个节点活动，50 万次以上曝光，沉淀用户资产近 20 万。低成本获客，积累客户数据资产，提高客户体验。

4. 让营销活动霸占你的"朋友圈"

霸屏活动营销获客体系，把消费心理学、用户体验设计、智能化技术手段和按绩效激励的做法完美地结合起来，拥有一套全面且有趣的玩法，借助一系列互动游戏化营销工具，按绩效奖励机制，霸屏每一位用户的社交圈，多方位迅速引爆。

关键节点整合营销

开盘前拿地 150－180天	开盘前 120－150天	巡展点开放 开盘前90－120天	营销中心开放 开盘前60天	示范区开放 开盘前30天	开盘	二次开盘→ 尾盘清盘
项目筹备期	品牌立势期	造势蓄客期	价值炒作期	品质体验期		持续销售期

活动建议类型					
助力类 游戏类 不需要实物礼品	语音类活动 问答类活动 简单的实物礼品 引到巡展点	一折购类活动 看房节等综合类 活动 具备强吸引力的 实物礼品引到场	养成类活动 游戏类活动 具备强吸引力 的虚拟礼品	问答类活动 游戏类活动 具备强吸引力的 实物礼品引到场	投票类活动 助力类活动 简单的实物礼品与 丰富的虚拟礼品

目的					
公众号冷启动、 增粉、拉新	品牌宣传、扩大 传播、拓客准备	强势拓客、拉新 裂变、广泛传播	持续拓客、保持 活跃、筛选意向	视频展示、持续 传播、吸引到场	维护客户、日常 到访、周末暖场

覆盖 8 大活动类型，40 余种活动主题

1）霸屏活动营销玩法

折购类： 轻渠道、快营销、易裂变、高到访，地产和汽车等行业的拼多多做法，用优惠让意向客户无法拒绝。

语音助力类： "让客户把你的口号说出来，好感度会提升 10% 以上"，语音助力类营销霸屏活动用语音互动传递品牌价值，赢得留电到访。

积分游戏类： 用趣味游戏互动激发兴趣提升黏性，到案场领奖，支持"飞机大战、打地鼠、考眼力"多种游戏玩法。

裂变抽奖类： 每个月案场都应该线上线下结合做一场趣味抽奖导流，支持"大转盘、老虎机、摇骰子、砸金蛋、摇圣诞树"等多种玩法。

黏性养成类：养成系提升客户黏性，中长周期持续裂变，"植树、集齐礼物零件"，万物都可养成，发挥你的想象。

趣味问答类："头脑风暴"问答中植入品牌和项目卖点，这是最经典灵活的营销互动做法，实现圈层霸屏的同时获取客户画像。

砍价增券类：助力人数决定奖券价值，让好朋友们一起得福利，这样的做法能够让地产等高净值行业越来越靠近电商，优先转化最精准的潜在客户。

霸屏活动通过收集消费者购房需求有奖调研问卷的形式获取客户偏好和电话，后续收集到信息进行客户跟进。线上线下均可操作，客户全生命周期均可投放（建设—开盘—接待—交易—服务），预售证获取之前可有效蓄客。调研画像和每个数字化用户精准绑定，支持二维交叉和三维交叉分析，随时找出特定用户群体，召回和再激活。

霸屏活动提高了客户体验，实现了在提取问卷数据绑定用户的同时完善用户的精准数据库，为深度画像提供了数据基础。

霸屏活动，从策划到落地，主要有 6 个环节：

（1）项目调研：通过调研的方式深入了解项目基本信息、项目现状、项目营销痛点等，初步规划解决方案。

（2）项目启动：根据项目调研结果，甲乙双方共同完成项目启动会，确定共同目标，输出项目运营方案，细化方案流程。

（3）原型设计：页面原型 /demo 演示 / 交互设计 / 技术需求。

（4）研发流程：页面设计 / 技术开发 / 活动测试 /bug 修复 / 活动发布 / 数据报表。

（5）风控管理：规则设计 / 风险管控 / 成本管控 / 数据监控 / 客诉响应。

（6）推广节奏：活动内宣 / 活动前中后期铺排 / 多阶段多渠道推广。

2）霸屏活动策划设计

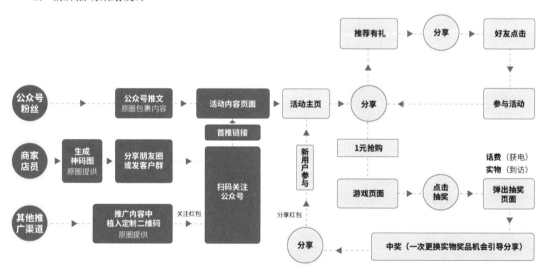

用户裂变路径图示例

一场活动的最终效果如何，很大程度上取决于执行力度，3 分创意，7 分执行，所以简洁有效的活动推广用户裂变路径图十分重要。

霸屏活动的用户裂变路径设计离不开能够支撑裂变活动效果的几大主题：**种子用户 +H5 活动页面 + 宣传海报 + 利益诱饵 + 超强执行**。

H5 活动页面的设计包含参与路径和分享路径，重在突出品牌信息，强调活动主题，引导用户参与。

参与路径：用户进入 H5 活动页面，能够轻松找到活动参与按钮，能够自然流畅地被引导。

分享路径：刺激用户积极传播的行动号召提示，分享按钮、神码宣传图等。

霸屏活动主要通过以下功能做到全网霸屏推广，精准引流，实现多级裂变。

实时数据。活动页面会实时展示活动曝光数据和用户参与人数，将用户围观数据和参与人数数据展示出来，利用用户的从众心理，数据的不断刷新和跳动，能够积极引导更多用户参与，增强活动黏性。

弹幕飞屏。礼品奖励的实时刷新，不断在页面滚动展示，结合背景音乐，营造一种欢快娱乐的氛围，好友头像的展示更是增强了活动的真实性。

行动号召。活动分享按钮和活动参与按钮上下抖动的视觉呈现，在页面主视觉能够第一眼吸引用户眼球，这样的效果自然让用户更加真实流畅地参与其中。

分享传播。参与活动转手分享传播都可以有机会获得额外现金激励，同时利用排行榜打榜，不断刷新推广奖励，将更多的用户带动起来，不断地裂变传播。

到访引导。一键导航，利用 GPS 定位技术，可直接将用户导航到线下案场，省时省心；一键拨号，直达案场的客服电话，拉近用户与线下客服人员的距离。

活动效果。通过深度运营陪跑建立起完善的私域营销漏斗，同时助力项目业绩转化。2 个项目活动运营，1 个月时间触达 186610 人次，转化成交 4 套，转化留存 5616 名活跃企业微信粉丝。

5. 基于企业微信的销售获客名片

基于企业微信的个人二维码，为每一个一线的营销人员都定制专属的个人销售名片，赋能一线销售快速积累客户，拥有丰富的项目信息展示、多种自定义功能片，客户可直接通过名片扫码添加销售企业微信好友，更加快速地完成企业微信客户沉淀。

二、线下拓展和调动更多渠道拓展人员

1. 渠道活码

当客户到访案场之后，未添加企业微信的客户，需要自动分配给销售员进行后续跟进。可以让客户扫设置好的智能活码，按照规则添加销售人员的企业微信。从远洋集团企业微信智慧营销获客系统前三月运营数据看，平均一个活码可以带来 3 个企业微信客户，其中有效客户占比 35%。

企业微信智能活码的灵活性，有助于房企实现线下拓客的数字化：

▪ 传播时基于传播关系链将销售与用户即时绑定，确定客户来源，并实时评估拓客绩效；

▪ 可生成销售个人二维码，用于工牌、名片，及其他个人物料制作；渠道二维码可用于监控渠道粉丝拓客数据；

▪ 用于线下物料二维码，灵活多变，无须换二维码即可更新二维码转链接内容；

▪ 为销售提供与用户直联的能力，无须加好友可主动直接沟通；

▪ 可以将任意"渠道活码"生成为加粉链接，投放在短信、抖音、小红书等外部渠道，客户无须切换至微信。点击链接，即可自动唤起微信页面，添加置业顾问的企业微信，减少加好友的繁琐步骤；

▪ 自动打标签，方便后期客户运营与跟进，渠道活码数据多维度分析。

▪ 通过企业微信智能活码，可灵活分配客户服务任务：

▪ 智能分配：提供多种分配规则，灵活分配给案场销售；

▪ 随机分配：客户扫描智能活码，随机分配给多个销售中的一个，多个销售的分配概率均等；

▪ 排班分配：在不同的时间点安排给不同的销售接待；

▪ 自动欢迎语：客户到访时，配置独立的自动欢迎语；

- 自动置标：创建的活码可设置来源渠道，客户添加之后，自动打上来源渠道标签；
- 可统计每个码添加的企业微信客户数量。

2. 拓客任务

拓客点打卡签到，确保执行人员实际到拓客点，渠道添加客户微信，自动发送欢迎红包，获取客户位置授权后，确认客户添加位置，降低一线作弊情况。实时查看拓客任务进度，便于基层管理监管和决策。

管理员给销售发布基于地理位置的拓客任务，员工需要到指定地点签到后，生成拓客二维码，添加客户。同时管理员可通过手机端或者PC后台实时查看拓客任务执行情况。结合项目线下拓客动作通过企业微信拓客任务管理提高线下企业微信客户导入，为项目提供精准客户导流。从远洋集团企业微信智慧营销系统前三月运营数据看，平均一个拓客任务可以新增40个企业微信客户，其中有效客户占比12%。

- 定点拓客：基于地理位置的拓客任务，让获取的客户人群更加精准；
- 管理赋能：管理员实时监测拓客数据，加强对销售的管控力度。

3. 让异业合作成为传播渠道

线下针对联合合作企业，物料放置异业专属企业微信活码，异业推荐客户，由异业引导客户添加企业微信，可统计异业引流量和转化量。以远洋集团为例，远洋集团为了更好地盘活异业合作的成效，通过打造了激励商家的激励机制，让商家的店主和服务员也成为传播者，找到了异业合作的流量密码。

远洋集团构建了一套商家激励的游戏玩法：

▪游戏规则：洽谈线下门店，商家引导到店客户进入活动，邀请好友为自己助力得能量，玩家达到相应助力能量值即可获得对应奖品，同时可在活动页面领取商家消费抵扣券，商家拉新可获得实时拉新激励。▪线上裂变：玩家需要分享活动邀请好友为自己助力获得能量值，邀请好友数量越多，越能够冲击大奖。好友为玩家助力后即可获得话费奖励并进入活动，继续进入二级裂变，从而引发更多客户留电。

▪线下导流：获得实物奖品需凭兑换码前往线下销售中心领取活动奖品。

同时，为了更好的用户参与感和体验感，构建一套线下转到访的机制：

▪商家放入物料二维码。植入项目信息，商家人员引导客户关注；

▪扫描二维码，可关注项目服务号，便于客户沉淀及二次跟进；

▪关注项目服务号，新粉丝获得见面礼，微信红包，即刻入账；

▪系统自动推送项目详细信息（含小程序等）及近期活动；

▪客户扫码关注后，销售可随即收到线索信息，可线上跟进客户；

▪点击推送文字中的抽奖链接，可参与线上抽奖，抽中奖品需填写手机号方可领取；

▪大转盘可配置到访小礼品，需要客户到访领取，助力引到访。

三、远洋集团企业微信智慧营销获客体系的运行效果

远洋集团企业微信智慧营销获客平台的搭建，对房企营销造成的变化和意义是巨大的。将房企从粗放式营销向精细化营销进行迭代转变，将公域投放营销与私域营销进行有效的结合，将客户资产在企业价值定位提升到战略层面，房企自身营销能力有质的提升，企业营销费效比显著提高，房企品牌力、影响力均有效提升。

远洋集团企业微信智慧营销获客平台上线短短一个月时间，初期试点项目 11 个，通过智慧营销方式，借助智能海报、图文自动化营销、游戏化营销等智慧营销方式，获取企业微信客户 30 万以上，获客成本低至 0.8 元 / 个，费效比远优于传统获客方式，同时也为远洋集团后续可持续触达这部分流量奠定了基础，对远洋集团来讲，这将是企业自有的免费流量池，运营恰当可持续产出商机和效果。

远洋集团企业微信智慧营销获客平台的持续运行优化，将为远洋集团带来更多的、可持续的价值：

▪获客量提升。远洋每年在公域都会投放巨额的营销费用来获取线索，而本次通过智慧营销平台体系的完整搭建，补充了远洋在私域获客层面的能力，实现了公私域流量的交圈，而私域自身的裂变能力和高费效特征，为远洋集团获取了大量的线索客户。

▪线索转化率提升。借助私域线索中心和转化中心对一线的赋能，极大地提升了房企线索转化效率，对比之前约提升30%的效率。

▪费效比降低且可量化。全链路线索获取转化数据线上化打通，借助工具进行赋能，效率提升，费效比降低，且每个线索的获取转化成本可指标量化，决策更科学。

▪客资留存防流失。大量的公私域线索留存在远洋的企业微信面客平台，变为远洋自己的客户资产，未来可持续运营和调动。

▪自主营销能力提升，优化渠道占比。借助私域流量池，投入较低的成本，即可在私域池进行持续的运营和筛客，并且借助私域撬动公域流量来获取低成本的线索，逐步提高自身自主获客的能力，降低渠道占比，也有了和外部渠道掰手腕的能力。

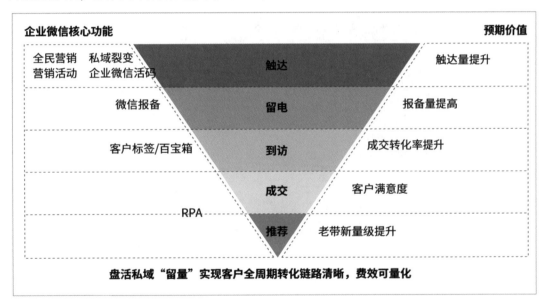

第三节　客户分级：如何有效地
对海量客户做出分级及定向触达

当销售在添加了大量的客户后，在跟进客户时，是否遇到这些问题：

▪需要跟进的客户多，难以确定跟进的优先顺序？

▪销售花费大量精力在无效客户上，高质量客户反而没有得到关注？

解决这些问题的关键是做客户分级，初步区分客户的意向度。远洋通过 AI 算法的能力有效帮助营销进行客户的分级。

▪客户分级是基于用户在平台的行为记录、访问营销内容行为、是否参与营销活动和企业微信私聊与群聊行为等，对客户进行评分。

▪帮助企业掌握客户的意向，识别客户意向的高低，筛选出高意向度用户，做精细化的用户运营。

▪分级值：无兴趣、意向不明确、感兴趣、高意向。

有了客户标签体系、客户的分级体系，远洋集团基于企业微信的企业群发为集团客户运营 SOP 提供了最佳触达工具，可自定义发送对象，拥有多种形式的群发素材，群发动作实时追踪。

企业微信群发功能分为手机端群发和 PC 端管理员群发：

移动端销售群发。通过企业微信客户标签给客户进行统一置标分组，销售可根据客户状态 / 活跃度 / 意向等级等标签筛选客户后一键群发消息，实现目标客户的精准有效触达。

管理端群发。可通过添加时间、所属销售、所属项目、企业微信客户标签（客户状态 / 活跃度 / 意向等级等）筛选出群发目标客户，向客户进行一键消息群发，增强企业群发能力，集团统一管控，还可根据客户标签实现精细化运营。

第四节　智能邀约：如何进一步
邀约客户到访案场，完成成交转化

远洋集团为了提高到访转化率，使用多种数字化 +AI 的工具，客户到访率提升了 38%：

▪ AI 外呼

多场景的线索自动分级、场景化服务，致力于打造客户极佳对话体验的 AI 智能外呼。

▪ AI NLP 销售服务

聚焦线上线下全过程，用特种软硬件，辅助客户服务和销售人员，更好地完成销售过程。

▪ 人脸识别服务风控

原圈科技与商汤科技独家战略合作，利用新的生物数字化技术，提供了让商家更好地营销服务和风控的视觉技术。

▪ AI 自动客户跟进

自主研发的高净值 RPA 技术，优化了客户到访后 70% 的标准化客户跟进工作。

▪ 现场接待机器人

同云迹科技联合研发出销售现场的机器人"阿凡达"，通过人机融合，打造通盘通客。

一、AI 外呼 + 人工外呼 助力客户转到访

1. 通过标准的 AI 外呼配置 SOP 流程

AI外呼流程

高效触达 置标精准 ·用户引导 ·用户置标 ·用户筛选

2. 制定场景话术策略

针对全渠道的获电，根据营销场景中的用户参与情况，根据不同留电场景、活动阶段、用户类型定制外呼策略及对应话术；保障客户体验的同时，精确提炼客户意向、提升客户转化率（触达、加微、到访）。

用户体验+转化效果

3. 产品 & 拨打策略

企业微信智慧营销投放的AI能力、智能化提升带来的双倍触达，助力企业进行潜在客户精准过滤，帮助企业筛选出高意向度的客户，最大程度地降低费效比。例如根据活动场景，可按照营销场景中用户画像及场景（中奖及未中奖的情况、参与度等），分层电联，筛选高意向客户，增加到场率，便于案场精准跟进有效客户。

▪ 短信前置通知。外呼前给客户发短信通知，"恭喜获得 ** 礼品，我们将在几分钟后电话联系您，如不需要请回复 T"。

▪ 尊重客户互动意愿。如客户回复 T，就不再联系，如客户没有回复，启用 AI 外呼沟通预约活动到访礼品领奖时间。

▪ 友好触达不遗漏。AI 外呼如第一次未拨通，12 小时后再次启用 AI 外呼流程，补充筛选一部分精准客户，提高触达率。

▪ 高意向客户深度互动。电联后根据客户意向，随后短信提醒意向客户阅读项目介绍及查收购房优惠等项目信息。

▪ 设置到访礼提高转化。针对未中奖客户设置外呼到访礼品，针对首次来登记客户也赠送性价比较高的到访礼品吸引到访。

4. 制定触达后运营策略

短信群发（直接文案引导加企业微信）：通过短信提醒 + 红包激励的方式，引导意向客户主动添加销售企业微信。

二、系统自动生成邀约到访函，给客户尊贵感

智慧营销中的系统自动生成邀约到访函功能是一种高效且高品质的客户沟通方式。对项目品牌专业、用户及客户服务进行赋能，客户添加企业微信成功后，系统会自动发送欢迎语及欢迎红包，赋能一线进行客户服务，提高回复及时率，降低客户流失率。销售通过企业微信生成到访邀约，发送给客户，案场团队可获得"预计到访"统计，便于安排工作。

在此方式中，房企可以使用客户信息和其他相关数据，系统自动生成邀请到访函。这种函件不仅可以快速、精准地通知客户到访信息，还可以给客户带来尊贵体验感。例如，当一位意向客户对某一项目表示兴趣时，房企可以通过系统自动生成邀约到访函，通知客户接受项目的详细介绍。该函件专业、精细的设计可以给客户一种被重视、被尊重的感觉，可以使客户更愿意到访并进一步了解该项目。

第五节　同权判客：线上、线下同权，新型数字化判客

为了更好地激发一线自建渠道团队的拓客、获客的积极性，各项目案场可根据各自案场模式选用不同的运营模式，可以选择适应的判客制度，实行数字化判客制度；企业微信和手机号平等判客，线上线下获客同权。

以远洋集团智慧营销获客系统为例，在客户添加销售的企业微信后，通过在线的沟通，发现客户有一定的意向度时，对客户快速地一键报备，报备时可以不要填写客户的手机号，通过系统自动将客户的微信ID报备到远慧CRM（远洋客户管理系统），实现无手机号的报备模式。当客户如约来访后，自主扫码签到时，系统会自动获取手机号及对应的微信ID，从而快速完成判客，同时作为企业资产沉淀下来。

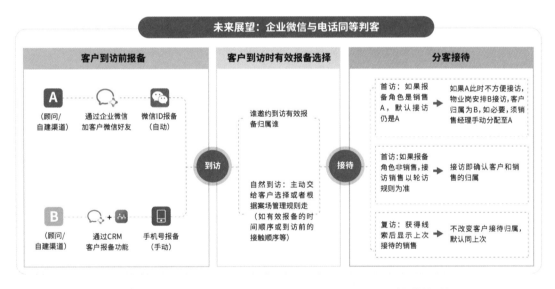

客户端：客户来访登记，系统自动获取手机号，并引入介绍远洋的营销平台

第六节　案场接待：如何从产品和流程层面
完成到访和加微沉淀的完美结合

案场管理房企常用的CRM（客户管理系统），是智慧营销平台中唯一以管理视角落地的产品模块，一线主要用于客户报备、客户跟进记录、置标等工作，基层管理用于客户盘点、判断客户、分析转化

情况指导营销策略制定等。

　　案场管理模块化产品在地产行业应用成熟度最高，标准化也最高，头部房企几乎都进行了自研制定开发，纵观整个房企信息化情况，虽然各自有差异，但核心能力未曾变化。

　　关键动作是客户来访案场时，接待人员的引导操作。门岗销售秘书必须引导客户添加门岗企业微信二维码，发送加微红包同时推送签到小程序，客户在企业微信打开签到小程序完成到访登记，自动留存号码，客户自动流入客户池，这样完成企业微信客户沉淀。

第七节　客户体验：如何通过 RPA 对客户进行满意度回访

　　过往很多开发商都反馈，很多客户并未关注企业的公众号，或者很少打开短信，所以很多时候客户满意度回访的完成率都不高。

　　远洋集团充分考虑了客户研究的场景，通过企业微信天然直链客户微信的特点，并结合原圈科技的 RPA 自动化流程，在后台简单配置后，即可按照流程在客户完成项目首访后系统自动推送一个满意度调研问卷，通过客户提交的问卷结果，管理员能够及时了解案场存在的问题并给出解决问题的方案，不断提升客户首访体验和满意度。

　　可实现对首访客户进行自动调研 100% 覆盖，自定义发送对象与发送时间，实时查看问卷结果。

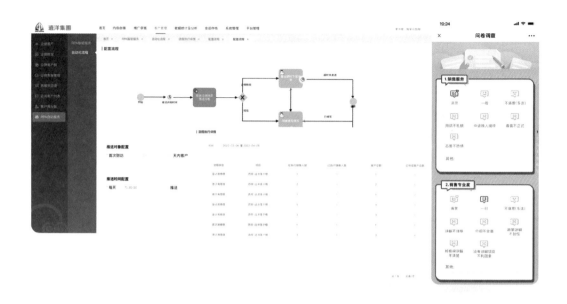

第八节　长期运营：如何对新老业主进行精准跟进维系

对于准业主、老业主的维系场景，通过定制的 RPA 引擎，自动地依据流程节点定期进行业主维系，给业主微信推送项目工程进度，提高客户满意度，提升品牌口碑；销售/置业顾问在企业微信一键发送签约/付款信息给客户微信，方便快捷，赋能一线。不仅提升了客户的体验感和满意度，也提升了一线的日常工作效能。

RPA 自动化服务流程：定制节日祝福、生日问候自动化流程，由项目策划岗统一配置推送模板和内容，设置推送条件（推送方式、时间），系统自动进行任务发送执行。

第九节　客户画像：如何有效进行"一客一档"置标

客户标签是精细化运营必须做的第一步。企业微信本身提供的标签能力可以给客户做标签化运营。生成标签后，可对应配置一套基于标签体系的调研问卷发送给客户填写，填写完成后自动给客户打标签。

远洋集团基于一线营销对客户画像的诉求，构建了一套基于远洋集团客户群体特点的客户标签体系，主要包括自然属性、行为特征和偏好特征。

客户跟进:客户360——符合地产营销的全场景标签体系

自然属性		行为特征			偏好特征
基础属性	用户属性	互动行为特征	交易行为特征	服务交互	行为偏好
基础信息	用户身份	签到	成交	咨询	浏览偏好
家庭信息	用户来源	点击		售后	分享偏好
	成交属性	点赞		满意度调查	搜索偏好
	社会属性	收藏			浏览深度
					客户意向度

销售在企业微信跟客的同时，随时可以基于对客户形象的了解，给客户打标签，当客户到访后，系统会同步回传标签给远慧 CRM，并自动在远慧 CRM 生成跟进记录，后续方便通过客户标签完成企业微信客户运营。

远洋集团也充分考虑如何通过 AI 的能力自动为客户画像补充标签，远洋通过前端的"置业远洋"小程序将首次触客后采集到的客户行为数据、基础数据、偏好数据同步回传给企业微信，并将营销关注的标签数据实时在客户详情页进行展示。

第十节 多系统协同：如何构建
房企多系统之间深度融合，避免数据孤岛

房地产行业已进入客户资产运营时代，数智化技术的开发与应用对房企未来发展至关重要。根据明源云公布的数据，预计 2024 年中国房地产 SaaS 产品市场规模将达到 197 亿元，2020 年到 2024 年 CAGR（年复合增长率）或将达到 49.0%。在资金投入上，约七成以上房企数字化投入规模持续增加，平均年投入均过亿元；在人力投入上，近年来头部房企在行业面临低谷，不得不大规模裁员的情况下，IT 人员规模数量不减反升，头部房企的 IT 人员数量都已过百，万科等头部企业的数科 IT 人员数量甚至多达千人以上[1]。

目前市场上为房地产行业数字化建设添砖加瓦的产品及服务主要分为技术底座型、能力建设型、经营管理型、场景应用型和数字化转型咨询[2]。房企智慧营销体系建设在系统架构和技术选型上需要技术与业务并修，既要通过技术释放新业务价值，又要通过业务夯实技术底座和数据基础，形成智慧营销各场景一体化运行的系统架构。近年来，远洋集团在智慧营销体系搭建方面开拓创新，用业务收益评价技术应用和场景创新，在系统架构上坚持"自研自建"，在场景应用方面与知名服务商"共创共建"，已初步完成智慧营销生态融合。

一、如何搭建开放、稳健、可扩展的技术生态

无论是智慧营销建设，还是数字化转型，其重点在于建设和转型，以支撑业务的持续发展乃至变革，因此企业需要的是一个可以持续发展、持续迎接新技术、新能力的"技术生态"，而不是某一个具体业务的数字化、某一技术能力的覆盖或者某一个业务系统的上线。这要求智慧营销的领导者们"荡胸生层云，一览众山小"。有两句话，对立志做好数字化技术能力布局的建设者是鞭策，更是提示："不谋万世者不足谋一时，不谋全局者不足谋一域"。

如何以融合的方式，快速获得技术赋能，获得平台流量红利，应对不确定的行业环境和生产要素？我们认为，地产集团需要的新一代智慧营销的技术生态必须具备开放、稳健、可扩展的特点。拥有这些特点技术的生态才可以充分整合利用互联网平台、技术服务商和自身基础建设，专注面向业务价值输出，为企业获得可量化的持续效益。

---

[1] 蔡鸿岩. 房企：还是得凭科技上岸 [BP/OL]. 2022—05—19. https://mp.weixin.qq.com/s/LiF_sWi_tSku9HVj84Cl6A

[2] 艾瑞咨询：2022 年中国房地产数字化转型研究报告

开放。意味着广泛连接与集成的可能性。业务流程之间的连接，内部系统与外部平台的连接，产品与产品之间的连接，服务商与服务商之间的连接；连接的可实施性、便利性、安全性是评价一个技术体系或产品开放性的主要衡量依据。对地产开发商而言，开放性的技术生态既是避免重复建设的必然要求，也是未来快速集成新能力的关键所在；对技术服务商而言，在态度上需要摒弃通过自我产品闭环限制客户的妄想，积极主动地与客户生态深度融合，在产品上做好松耦合以及模块化的产品设计，站在甲方立场上多想想企业级架构的集成和价值最大化。只有在这样的合作共赢上，才可能保持持续迭代的先进性，在企业乃至行业层面上保持技术领先，支持业务发展。

稳健。体现在产品与服务层面，集中展现为持续在线的能力，面对 24 小时在线的营销场景，智慧营销产品和服务需要在时间和流量上都经得起实时在线的严苛要求，尤其在抢购、秒杀等典型的互联网玩法情况下，系统稳定性往往成为技术部门的噩梦；体现在基础架构层面，需要 IT 或者智慧营销部门在技术架构上进行更聪明的选择，支持高并发设计，支持动态扩容，云原生等技术往往成为首选；体现在管理流程上，则对产品发布流程、自动化测试等相对传统的 IT 管理流程提出了更高要求。

可扩展。可扩展性既包含对 3—5 年可预期路线图的规划，也需包含架构和产品上的抽象设计，以应对不可完全预见的技术能力和业务需求扩展，充分考虑系统今后的硬件扩展、功能扩展、应用扩展、集成扩展等多层面的延伸。坦言之，地产行业技术部门普遍存在企业级系统架构方面的短板，相对其他行业，IT 部门对业务架构、系统架构设计的投入往往欠缺，也缺乏中长期规划和蓝图设计。

为了构建以上理想中的智慧营销技术生态，我们建议考察以下三个技术重点：

1. 领域驱动设计 (Domain-Driven Design，简称"DDD")

领域驱动设计的理念，诞生于 21 世纪初，相对于原有流行的企业架构设计理念，更加关注业务价值，以及快速响应业务的变化。在产品设计和开发前，通常需要进行大量的业务知识梳理，而后到达产品设计和开发的层面。

关于某个特殊业务领域的软件模型被称为领域模型，围绕业务领域的职责性、功能完整性，领域模型得到合理的定义和边界划分；在业务领域模型下，首先要考虑的也是业务领域专家领衔的业务语言，去定义团队乃至产品设计中的"通用语言"，而不是通过数据和技术服务；根据领域模型的边界，可以规范并且清晰地将高复杂度业务产品，向微服务架构设计进行有效过渡，理论上，每一个领域模型都可以被设计为一个独立微服务，当然也必须考虑到性能、安全、团队技术异构等其他非业务因素之后，才能用于合理微服务的拆分与实现。

我们之所以指出领域驱动设计理念的重要性，正是看到尽管微服务的技术理念得到了认可，但在产品架构设计和微服务的设计中，往往很难把握边界——要么过度设计，造成产品和研发运维困难；要么过于笼统，并未达到模块化的拆分目的。而一个经过良好 DDD 领域驱动设计的微服务架构，将取得非常理想化的业务价值：

  ▪ 良好的领域模型，将更准确地定义业务边界、产品边界和技术架构边界；

  ▪ 将业务专家和技术团队进行串联，通过领域专家的引入和语言统一，使得整个团队，从需求、开发到实施阶段都具备良好的业务意识和理解；

  ▪ 产品设计本身将得到更好的业务体验；

▪ 清晰合理的模块架构设计，使得产品和技术服务更加敏捷和持续；

▪ 产品技术的发展路线更好地适配业务发展；

▪ 将复杂多变的业务与稳定不变的内核业务进行分隔；

　　一个进行了良好业务领域拆分的技术生态，可以以灵活插拔的方式，在单个业务领域上选择合理合适的技术方案和供应商，达到快速引入技术能力、响应业务需求和迭代的目的；同样一个进行了针对业务领域微服务化的产品，也可以迅速以模块化的方式按客户所需进行快速部署，融入甲方的技术生态中，更好体现自身价值。

2. 分层设计以及开放和可扩展的 API 管理

　　分层架构是最古老最广泛的架构模式，无论在系统，还是在应用级架构中，都普遍需要通过分层(layer) 的方式来隔离不同的关注点。无论是经典的三层架构还是领域驱动设计提出的分层架构，都强调以不同调用目的进行水平的层次划分；基于这样的层次划分，能够更好地隔离业务复杂度和技术复杂度，提高代码层面的复用性。

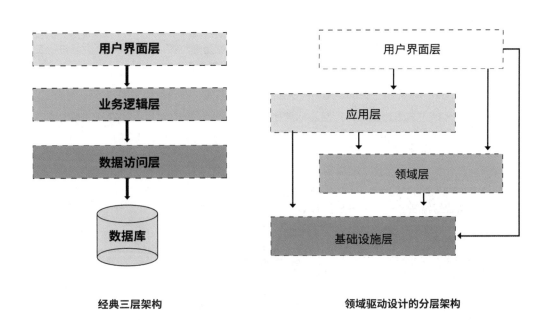

经典三层架构　　　　　　　　　　　　　　　　　领域驱动设计的分层架构

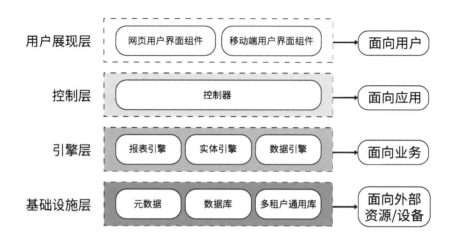

企业级多应用分层架构设计示意

　　而规模化、标准化的 API 管理往往被大家忽视。实际上分层设计、模块设计乃至微服务设计的必然结果，一方面是复用性的提升、风险的隔离，另一方面就是通过接口的方式相互之间进行良好通信；这一切都体现在规模化、可复用、可扩展的 API 设计中。基于 SaaS 的产品体系，技术服务商往往可以通过 API Gateway 的产品进行 API 的发布、定制和监控，在企业私有架构中，同样可以采取标准服务和集中化的方式进行管理；广泛、标准化地使用 API 对接，可以大幅度提高系统的安全性和可扩展性。

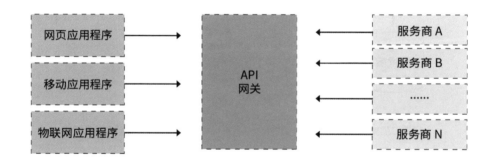

典型的 API 网关架构

3. 云原生

　　云原生(cloud native)是一种基于云的软件架构思想，以及基于分布部署和统一运管的分布式云，以容器、微服务、DevOps 等技术为基础建立的一套云技术产品体系。在企业云环境日益成熟、标准化和普及的今天，采用云原生方式成长的产品往往可以更加充分利用云资源的优势，比如云服务的弹性和分布式优势。

云原生的产品和方案往往具备以下几个特点：

▪ 容器化。使用容器技术，如 Docker，将应用程序与其依赖项打包在一起，以便在任何环境中轻松运行。配套自动化工具来管理容器的部署、缩放和状态管理，如 Kubernetes。

▪ 微服务（microservices）。将应用程序拆分为多个独立的服务，以提高可维护性和可扩展性。应用之间通过 API 通信，可被独立部署、更新、弹性扩缩和重启。

▪ 无服务化（Severless）。应用和产品不再关注底层基础架构，更多注意力可以放在和业务相关的逻辑实现上。平台根据负载进行部署和启动，例如函数计算。

▪ 持续交付与部署。使用持续交付工具实现如 Jenkins，来简化应用程序的部署和交付。

▪ 大量集成和融合第三方云服务。通过组件集成和接口调用，大量使用第三方云服务和技术能力来实现业务场景。这一现象是产品力的体现之一，意味着产品和解决方案在架构上的开放性和先进性，能够通过快速整合云生态的既有基础架构快速达成业务价值。

智慧营销技术生态中，云原生应用的优势得到更大地发挥。业务之间的联动，与互联网平台的整合对接，产品与产品之间的鉴权，在高并发情况下的弹性扩容等场景下，相对传统架构都具有更加明显的灵活性和可扩容性。

二、远洋集团企业微信、置业远洋与远慧 CRM 融合运营系统

数智化转型"两大方向"：自研和外部合作。易居研究院发布的数据显示，房企数智化总体研发框架上，排名前 50 的房企中超过八成采用自研架构；数智化应用研发上，超八成头部房企采用"共建共创"的模式。房企自研架构的终极目的是支撑战略发展需要，期待实现自延扩展和商业模式；在应用层面上采取"共建共创"方式的，实则是想借助外部供应商已实现的能力尽快"为我所用"，以此验证自身数智化转型的成功。

远洋集团自身拥有打造数字化工具的团队和能力。搭建智慧营销平台完成体系之前，远洋自身已经完成了营销端内部管理与协同工具的自研，包含了置业远洋小程序、远慧 App（CRM）、海鸥（ERP）等；因现有体系是自研，在技术开放层面不存在壁垒，能够很好地与公私域获客工具打通融合，同时远洋在前端也开放式地采取了企业微信 SaaS 服务，但数据层面做了私有化部署，这样既兼顾了国资的监管要求，又可以迭代式享有企业微信 SaaS 的窗口服务能力。

现阶段，远洋集团已经打通客户生命周期的各个阶段的业务孤岛，已完成企业微信营销系统与远洋智慧营销生态的融合。基于企业微信、置业远洋与远慧数字化融合布局，通过系统融合功能部署至案场业务执行路径，实现企业微信线上潜在客户挖掘、到访客户企业微信吸附等场景客户线上线下流转，较好地完成系统协同使用。企业微信营销系统作为远洋智慧营销体系中的主体，连接着客户营销的全生命周期，主要负责营销过程中的客户资产沉淀和客户触达运营，能够实时为置业远洋小程序提供客户加微推送等服务，并获得置业远洋的获电回传。远慧 CRM 主要负责远洋智慧营销体系中的案场管理及客户认购、签约过程中的客户管理，与企业微信能够实时连接，达到客户状态同步、标签同步及组织同步，从而实现营销业务流能力布局。

企业微信与远洋智慧营销生态融合是助力远洋集团打造自己的私域流量运营的新引擎，它不仅可

以作为企业触达用户的超级入口，也可以作为精细化运营私域的超级武器，还能帮助我们的置业顾问、销售经理构建他们自己的数字化、精细化的小私域。同时，也具有打造私域流量池实时直连客户、打造完整画像的客户数据资产池、活动再激励、触发裂变、数据决策实现可量化有效服务、传播与业务无缝连接等能力，与传统营销相比，其具有明显的比较优势。

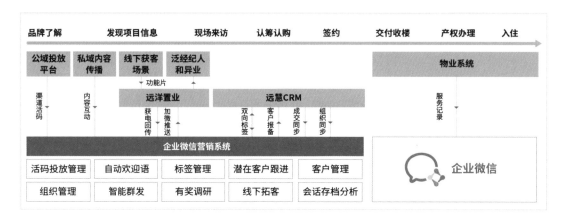

企业微信融合运营系统前提

第十一节　数据分析：如何构建
可视化多维度多级别的数据分析体系

通过融合远洋现有生态系统，通过统一构建的数据中台，基于数据中台的报表中心，构建围绕营销的客户全周期触点流转分析和不同渠道获客转化成交分析，数据决策中心包含 PC 端数据看板和手机端数据看板，并实现了远洋集团的三级数据看板。集团管理层可通过三级看板层层递进的方式查看事业部、项目、员工的关键数据指标。

1. 可视化多维度数据看板

智慧营销系统可做深度数据分析，主要的维度有用户浏览明细、分享明细、留电明细、咨询明细、收藏明细、传播分析等，其中传播分析维度又包含传播分析、漏斗分析、裂变分析、KOL 分析。在这样的数据洞察能力加持下，销售人员可实时追踪销售线索，不错过任何一个机会。同时，也可根据运营数据做转化效果分析（内容素材、客资转化、项目转化），投入成本分析，新增用户获取成本，线下拓客及线上互动分析，以供营销管理人员及时获得反馈并优化活动策略。

传播分析主要包括热度趋势、时间分布、设备分布、地理分布、区域分布五个维度。

漏斗分析通过漏斗数据可以查看各个环节的转化情况，可查看的维度包括阅读次数、阅读人数、有效受众、咨询人数、去电人数、留电组数。

裂变分析可清楚看出内容传播的深度。

KOL 分析对应的维度有姓名、角色、受众数量、留电、去电，通过其中的受众维度可以了解到具体某位用户对内容的传播情况是什么样的，对于高质量的传播者可重点关注和细致分析。

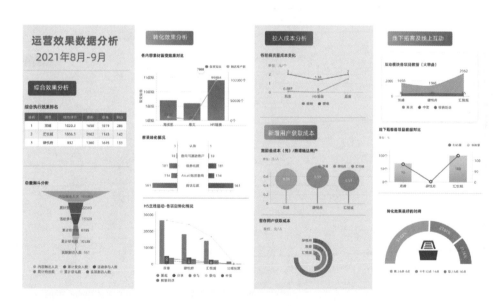

可视化营销效果分析图

2. 三级数据看板

一级看板：查看客户触达、分享、转化以及图文、海报、名片、活码等物料的传播效果数据总览和排行数据。

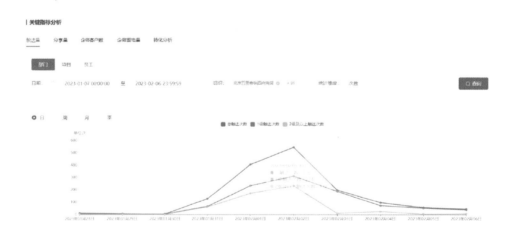

二级看板：可查看触达、分享、企业微信客户、企业微信留电、客户转化数据总览以及各指标随时间的变化趋势。

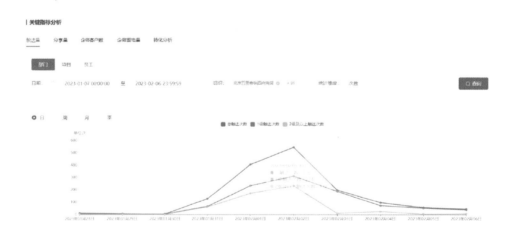

可查看事业部或项目的图文、海报、个人名片、拓客任务、活码等内容在一定时间范围内带来的触达、分享、获客、转化效果。

可查看事业部或项目、员工跟企业微信客户的聊天总数、平均回复率等，基于此会话统计数据可分析得出销售与客户的互动情况。

三级看板：可查看项目下单篇图文、海报在一定时间范围内带来的触达、分享、获客、转化效果，实现内容传播获客的精细化分析。

3. 移动数据看板

为了帮助一线更好、更清晰地了解营销全链路的营销数据，基于企业微信工作台搭建了移动端的数据看板。

基于手机端的移动数据看板，一线业务人员可随时随地查看时间范围内的关键业务指标总览以及随时间的变化趋势图，方便一线业务人员快速、全面查看。

基于手机端的移动数据看板，管理人员可随时随地查看各部门在一定时间范围内的一些关键指标总览以及随时间的变化趋势图，方便管理人员快速、全面地了解一线业务人员相关动态和业绩指标。

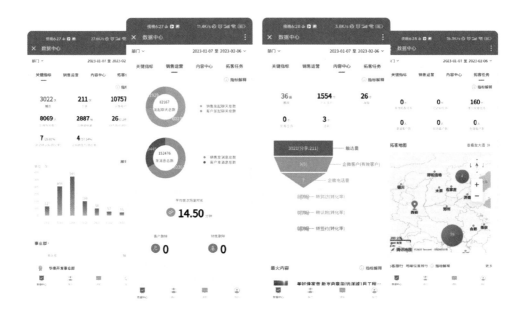

4. 主要关注数据

客户量数据：从客户的触达量—加粉/关注/加企业微信量—获电量—到访量—成交量可形成一个客户漏斗，它们是智慧营销的目标所在，因此每一层数据，在不同阶段，都可以成为目标数据，被持续地关注和对标。

转化率数据：以上的层层客户量数据，所形成的漏斗价值巨大，通过转化率的分析，可以指向发现很多问题：触达到获电的转化率，可以评估内容运营的能力；获电到来访的转化率，可以评估"空军"（线上营销团队）团队的线上接待转化能力，也可以评估内容运营的精准度；到访到成交的转化率，可以评估置业顾问的销售转化能力。同时，再进一步对团队内不同运营岗和接待、销售岗的人员转化率进行分析，即可看到能力的偏差，进而在团队内找到那些优秀的成员进行分享，落后的成员进行帮助辅导，进而提高整个团队的能力。

运营任务执行数据：例如内容创造策划数量、线上活动组织量、传播裂变级数、线上客户接待跟进标准等数据，是上文提及的过程管理指标，这些指标反映了团队状态和执行力水平，是运营工作展开的重要抓手，针对不同阶段的不同运营目标，需要经验丰富的运营人员进行目标倒排和拆解，制定相应的运营任务及指标，并做好过程管理。

获客成本数据：费效管控是营销工作中的重要部分，在数据运营分析的过程中，也需要持续关注，将费用发生情况和不同类型的获客数量进行交叉，即可得到不同类型的获客成本，比如触达成本、获电成本、到访成本、成交成本，之后再细分去看不同的运营任务的获客成本，即可指导运营团队选择或调整优化内容运营的策略。

5. 数据关注阶段

对数据的关注，应形成每天固化的工作习惯，但在不同的阶段，亦有不同的关注要点，结合项目的营销管理工作，即可进行相应的输出和应用：

每天：每天关注的是执行情况，关注具体获得的客户数量以及转化情况，即可对策划和销售两条线进行评估和把控；

每周：精细化运营管理的团队，每周都会有相应的指标拆解，不论是目标数据或是运营任务数据，都应该在每周进行周度计划完成情况的总结，并进行相应的晾晒和通报，进行及时的经验分享和改进调整；

每月：地产营销每个月都会进行营销策略的思考和制定，作为其重要组成部分的智慧营销，也需要在每个月末进行阶段性的总结复盘，再做出下一个阶段的策略规划。

目标达成

转化与效能

偏差与异常

第十二节　组织运营：如何有序引入和运营智慧营销系统和制度

远洋集团企业微信智慧营销平台的规划过程，完全是在集团营销"十四五"战略规划蓝图下细化和明确的。明确了战略定位，如何通过战术谋划进行有效的战略达成，远洋在这个层面通过对智慧营销的整体蓝图规划，通过集团统一红头文件宣传、核心中高层宣贯会充分宣讲和沟通等方式，实现集团营销线、各事业部、项目从上到下的思想统一。经过反复多次行业参观和交流，结合远洋集团规划定位，最终决定构建企业微信智慧营销平台。

1. 远洋集团企业微信智慧营销平台蓝图规划

选择企业微信这样的基础设施作为链接服务客户的唯一对外平台，核心是基于企业微信在腾讯体系的定位，作为唯一可以和C端客户进行反复触达的平台，企业微信进行私域运营，有得天独厚的优势，而在行业发展期间的应用较为成熟的其他腾讯系产品，例如小程序、服务号、视频号等，作为房企内容展示平台、服务触点等更为合适。从0—1去搭建了一个智慧营销平台，让远洋真正有了一个能够沉淀私域，流量就是客户流量的平台，这个私域流量，未来是远洋可以反复触达的，这是一个实践的里程碑。

搭建私域运营平台，盘活私域流量。企业微信作为远洋集团的面向客户的服务平台和私域运营平台，要先将客户链接方式替换为企业微信，把这些资产沉淀到企业微信平台变为留量，留下来只能是目标达成的第一步，终极目标在于如何利用好这些流量，为集团业务创造更多的增长性收益，所以要进行留量的运营盘活，只有运营得好，流量才留得住。

如何让客户线索流入房企企业微信平台？简单讲就是将所有获客渠道预制好房企销售企业微信名片，作为流量的收口，但实际操作过程中，房企会发现这种做法较难落地，首先在直投公域类中预制企业微信码就会受限于平台的规则，难以落地；其次作为兼容企业微信预制名片的广告投放平台腾讯广告，在实际操作中也会发现，整体流入效率微乎其微。究其原因一方面客户在流入房企企业微信平台时需要主动扫码添加，操作门槛较高；另一方面缺少人为引导，只有购房意向明确且强烈的客户会主动添加，而这也是私域、线上线下等引导客户进入企业微信将要面对的首要问题。

业务赋能优于管理赋能。远洋集团经营发展中心常务副总经理兼集团营销总经理孙霞，在企业微信平台建设初期，明确提出了业务赋能要优先于管理赋能这一原则。

也是这一要求，使后续一线用户在使用企业微信平台过程中，深刻体会到工具的赋能作用，使用意愿强烈，在后续的引导潜客、新老业主进入企业微信平台的环节中，主动引导，上线三个月，超额完成全年度企业微信客户添加人数目标。

那么，如何通过企业微信平台对一线用户进行有效赋能呢？核心在三个方面：

第一方面要通过企业微信服务平台，帮助一线获取更多有效的线索客户。

第二方面要赋能一线销售对这些线索进行高效的转化；

第三方面在于建设企业微信平台，要确保与现有营销链路体系的融合，不增加人员工作量。

做到这三点，房企不需要KPI考核强压，一线也会主动使用企业微信平台进行业务落地。整个赋能过程的前提，一定要先进行营销全周期业务场景的标准化梳理，不然只会增加一线的工作量，导致一线形成对抗心理，最终致使实施过程变形及项目失败。

业务标准化是工具落地的前提。房企搭建一套新的体系和工具，前期一定要结合自身组织情况、企业文化、信息化建设情况、业务情况进行充分梳理，结合企业发展战略进行落位规划，在建设前期一定要充分宣贯未来体系对各组织职责和工作内容的改变，降低各层级心理负担，统一思想，只有这

远洋集团企微营销蓝图

远洋集团
SINO-OCEAN GROUP

企业微信 营销获客愿景	企业微信做为连接服务客户的唯一平台
企业微信 营销获客目标	搭建私域运营平台，盘活私域"留量"
企业微信 营销获客原则	·业务赋能优于管理赋能　　·业务标准化是工具落地的前提

企业微信 营销获客 核心业务	**营销拓客** 1.平台打通：承接腾讯公域流量，企业微信承接，引流客户 2.私域拓客：通过内容互动、红包激励刺激私域用户传播，实现品牌和线索量的提升 3.全民营销：多节点激励和经纪人运营，扩大注册量和推荐量	**客资管理** 1.客资沉淀：全链路客户资产信息沉淀，一客一档 2.客户标签：梳理客户到访前标签，补充进入客户全周期标签体系，进行维护 3.客资转移：人员离职、调岗及后续因业务衔接涉及客资交接，一键分配转移
	互动运营 1.物料百宝箱：按照业务场景和物料类型进行分类，方便一线快速调用和发送给客户 2.运营服务：欢迎语、欢迎红包、IM自动回复，帮助一线接待客户，RPA运营释放一线生产力 3.企业微信辩客：企业微信客户报备，激励一线私域传播和运营，扩大客储池，优化客渠占比	**业务分析** 1.业务打通：与远慧业务系统打通，降低一线录入工作量 2.数据打通：与远慧数据打通，支撑不同角色的多维度客户全周期数据分析

企业微信 营销获客体系	**功能**：基于业务场景构建产品功能的搭建 **场景**：线上拓客、线下拓客、客户运营服务场景梳理 **指标**：基于集团、事业部、项目层各岗位角色梳理业务指标

样在后续落地过程中，大家的步伐一致，才能保证平台体系的有效达成；也只有这样，在后续智慧营销迭代运营的工作中，人员才可以"我要上"，而不需"给我上"。

　　企业微信营销获客核心业务。远洋集团基于业务场景搭建企业微信智慧营销获客平台，实现营销全流程闭环。营销拓客方面，打通公私域平台，线上线下引流拓客；客户资产管理方面，实现客户全链路数字化信息资产沉淀，客户全周期标签管理；互动运营方面，精细化客户分层，PRA客户服务；业务分析方面，基于集团、事业部、项目层各岗位角色梳理业务指标，支撑多维度客户全周期数据分析。

　　2.远洋集团企业微信智慧营销平台的运营管理

　　1）营销内容统一规划、重视效果考核

　　房企做好营销的第一关键要素就是营销内容，该环节一般房企会配有专业的策划人员进行支持。远洋集团策划归属品牌部，主要用于集团统一品牌宣传内容对接或者制作；事业部设置有策划平台，主要对所管辖城市和项目就方向性和考核目标达成进行监管；具体围绕项目营销实质性的内容输出，基本由项目策划自行创造策划或第三方广告公司对接，过程中存在的核心问题是内容质量和数量的严重不足，难以支撑房企持续性的营销传播，并且以往策划考核方向更多在品牌曝光和影响力方向，几乎不关注内容实质性营销效果；随着集团对策划品效合一的战略定位逐渐清晰，策划输出的内容也将对营销效果负有一定责任，在远洋集团绩效考核中，在策划考核指标维度方面，重点列出了对内容营销效果的考核评分。

2）系统操作降低抗性、重视客户标签

远洋企业微信已经将接口打通，可实现生产环境使用，通过调研问卷自动标签、内容精准触达，提升留存客户的触达与转化。举个小例子：疫情期间，到访客户到达案场扫码有健康码、行程码、签到码、企业微信码，门岗接待处扫码环节较多，部分客户产生一定扫码抗性，远洋企业微信就通过减少客户扫码频次，扫签到码，弹出销售企业微信码，长按识别加销售个人企业微信等操作降低抗性。

3）置业顾问流程管控，强化规范标准

a. 销售中心（案场）企业微信客户到访添加企业微信标准操作流程

案场接待客户期间添加企业微信：到访客户离开案场前，置业顾问需向客户出示企业微信个人二维码，邀请客户扫码并添加为好友。（客户不需要下载企业微信 App，使用微信添加置业顾问企业微信即可；操作路径：进入企业微信，点击左上角菜单按钮，打开侧边页，点击右上角二维码图标，生成个人对外二维码。）

企业微信完善客户信息：添加客户微信后，需在企业微信与客户对话窗口，打开侧边栏，点击进入【潜客跟进】完善用户关键信息（姓名、手机、用户标签），手机需与远慧客户信息一致。

客户离场后，在企业微信推送营销物料给客户：置业顾问打开企业微信给客户推送个人电子名片；在企业微信与客户对话窗口，打开侧边栏一点击进入【百宝箱】，选择对应的营销物料一键转发给客户；

客户复访后，打开侧边栏，点击进入【潜客跟进】更新用户关键信息（姓名、电话、用户标签）或填写跟进记录。

b. 案场企业微信试运营指标

针对案场到访客户添加企业微信指标：案场日收指标不低于到访客户 80%（案场到访客户添加企业微信指标－到访客户企业微信添加量－远慧系统到访客户数据；

c. 使用企业微信管理要求规范

必须使用企业微信添加所有到访销售中心的客户，并进行日常邀约、调研、活动等通知及宣导对接聊天工具；

不得主动删除客户微信，客户主动删除企业微信的情形除外；

日常维护及时响应，针对客户主动提问，需在 20 分钟内响应；

日常维护客户沟通，每天客户沟通，至少与 3 组客户进行企业微信聊天；

日常维护定向推送每周至少 1 次针对客户标签，进行营销内容（活动宣导、看房邀约、优惠政策、项目优势、主力户型、新推产品等信息）群发或发朋友圈，激活客户；

日常维护百宝箱工具，每天使用不少于 1 次；

日常维护，标签变更，客户在成交过程中，客户状态及标签变更，应及时更新；

集团品牌部门下达的群发任务，必须当天内执行确认；

d. 企业微信管理考核机制

企业微信到访客户添加试运营指标管理考核标准：

角色	按月
置业顾问	XXXX元/月
营销/销售经理	XXXX元/月

企业微信试运营要求规范考核标准：针对日常维护要求指标将定期进行后台抽查、判定，并制定相应的奖惩措施，定期抽查并对结果进行公示，如企业微信客户流失数据和集团下发的群发任务转发情况。

3. 远洋集团企业微信智慧营销平台的运营服务

企业微信系统作为一个承载器和工具箱，融入和升级目前的公域私域线上线下获客过程。远洋集团通过线上获客实操，确定这样的做法是有效的。通过流程规范把这种做法顺畅自然地融入远洋日常的营销实践，成为组织制度。远洋集团在多 IT 系统间数据打通，在营销场景上完美融入，在管理绩效制度上丰富完善。

问题处理通道。开通并保持问题处理渠道通畅，及时响应执行过程中反馈出的业务、数据、操作等问题，尽快解决，保证一线执行同事数据完成。

线上线下传播串联。执行期间要求，顾问同事接待完到访客户后，引导客户向线上传播。同时对线上客户，通过活动互动，邀约到访 / 复访，完成线上线下交互传播。

目标激励政策。为了提示置业顾问较好完成企业微信节点营销工作，设置额外效果激励，促进案场同事积极性，减少抗性。例如设置如下激励奖项：

▪ 周度团队拓客奖。设置渠道团队 PK 奖励，以周度 / 月度奖励客户拓客量第一名团队，具体根据项目情况设置。

▪ 企业微信拓客到访奖。企业微信添加客户后转化到访案场，可奖励单组客户渠道专员，具体以项目情况为准。

▪ 执行规范奖。以团队 / 个人为维度，新增客户后制标完成率达 80% 及以上的团队或个人，案场设置现金或者实物奖品。

▪ 项目数据红黑榜。项目对每日数据表现优秀的前 10 名置业顾问数据及后 10 名顾问数据进行展示，可根据排名设置现金奖励或惩罚，或者根据数据排名设置接待客户的排位顺序。

4. 远洋集团企业微信智慧营销平台的实践效果

1）让广告投放更聪明

过去房地产企业和中介获客，主要依赖渠道地推和广告投放。

先说广告，无论电视、报纸还是户外广告，都是房地产行业的投放阵地。这种投放是通过大量曝光，从而捕获意向客户群体。然而，伴随着大数据时代的到来，大众的选择越来越多元化，传统的广告形式还能否达到房地产企业所期待的曝光量，是值得商榷的。即使是在互联网投放广告，由于"围墙花园"效应，房地产企业们往往只能看到点击、展示等硬指标，而无法得知触达用户的性别、年龄、所在地、收入等软指标，很难形成一个有效的信息流。

远洋智慧营销系统不仅具有多媒体平台的投放模块，还有数据回流模块，并能通过效果评估进一步调整策略。在此过程中，第三方智慧营销服务商还将通过 AI 助理，实现用户画像、自动打标签、人群圈选、按人群推送、回流洞察等功能来提效增能。

2）让直播更容易

很多房企都瞄准了直播这片蓝海，但头部大主播不懂房地产，懂房地产的主播又没多少流量。于是，水土不服呛到水的大有人在，更多的则是闹了半天海却翻不起几朵浪——劳民伤财还闹不出动静。

不少地产圈的朋友吐槽，如今楼盘项目直播看房，商业地产直播带货，文旅地产则是把各种小镇播个遍，但普遍雷声大雨点小，养号难，转化更难，"每次直播团队累得不要不要的，结果触达不到有效用户，人家根本不知道我们开播了"。

远洋智慧营销系统系通过技术手段解决了这个痛点，通过企业微信邀请客户观看，让意向人群不会错过直播。而且他们在视频播放和直播中都有超多的交互功能，抽奖增强用户黏性、扫码吸引客户导流。这套流程下来，可以促进直播涨粉固粉，黏性十足。

而这些新捕获的粉丝，自然也会流入房企智慧营销用户池，打标签、分包入群，继续进行持续化运营，把用户的生命周期不断拉长。

3) 让获客更轻松

传统获客方式总是免不了线下地推，其中最难免俗的就是发传单，传单上手写着销售人员的电话，接到传单的人如果有购房意向，就打这个电话。热播剧《安家》中也有类似的剧情，店长房似锦告诉经纪人朱闪闪："根据大数据，每发出去 1 万张传单，就能卖出去一套房。"最终，孜孜不倦发传单的朱闪闪确实开了单，但我们不得不承认，这种获客方式能效比实在太低。

与传统线下地推相比，基于企业微信搭建的房企智慧营销体系提供的获客拓客方式是矩阵级的。比如各类霸屏活动的传播，图文内容、转盘抽奖、瓜分红包、问卷调查等，都是行之有效的裂变拉新方式。这些多元化的内容，都可以转化为"自感知、自行动、自激励"的数字化智能内容，让每次触达和转化都能实时按照"浏览、咨询、关注、留电、到访、成交"等效果进行激励。

而基于企业微信搭建的房企智慧营销体系可以通过专属码进行线上线下的推广拓客。上文中我们也介绍过，其通过活动快速收客，全程不需要人工干预的操作便捷有效，参与活动的客户都会自动记录来源标签，统统收口到房企智慧营销用户池中，以此成就我们房企的私域。

4）让管客跟客更靠谱

通常一个客户到访售楼处时，肯定会被问到一个问题："您是第一次来我们售楼处吗？"然后，工作人员要根据客户的回答去判断他是否已经被分配给固定的销售人员。很多时候客户不记得此前联系过自己的销售人员姓甚名谁，这时就要通过客户的电话去查证，看看对接的到底是哪个销售，同时还要判断这位客户是否在"保护期"之内。

相比之下，基于企业微信搭建的房企智慧营销体系在管客跟客流程中充分体现了科技的便捷。如果是销售人员自己拓展的客户，那么在客户扫描销售人员的个人专属码后，自动就会成为该销售的客户。其他线下拓客过来的客户，则可以一键上报分配。接下来的到访、接待、通知销售、查看客户到访数据等流程，都可以在用户扫码签到后按部就班地执行，再也不需要让客户在接待台苦苦等待，咖啡喝了一杯又一杯。

销售岗是人员更迭比较频繁的岗位，而销售人员离职后，容易形成人员交接的时间差，时间差就是漏水斗，一些客户就有可能被带走、流失。对于这个问题，第三方智慧营销服务商支持离职转移，客户资料一键转移，绝不给客户流失留下真空地带。

5）让运营更高效

远洋集团基于企业微信搭建的房企智慧营销体系具有多维获客渠道，能够收获大量用户，数量可观而且价值连城，因为他们不仅被标注了来源，还根据用户画像被打上了不同的标签，从而进入不同的人群分包。而且用户标签不仅可以在智慧营销系统后台统一设置，还可以由销售进行"二次打标签"，让销售人员可以进行更个性化、精细化的点对点运营。

前面一系列的用户画像、打标签等程序，都可以看作前期工作，接下来就是重点了——对用户群进行有效运营。

无论新盘推广、优惠信息还是节日问候，销售人员都可以一键群发给数十万客户，再也不用一对一转发，省时省力。

以往房企对于客户的维护比较粗放，而在第三方智慧营销服务商的技术支持下，房地产企业可以根据用户画像的不同分包去匹配精准营销。比如白富美群和职场男性群等分类，运营的方式自然就会各有鲜明的个性，各有专属的话语体系，还是那句话，物以类聚，人以群分，各安其好。

房地产企业还可以根据用户的性别、年龄、职业、爱好去匹配不同的活动，或根据用户的收入层级去推送不同的图文信息，或在用户的生日节点送上祝福，甚至根据用户广告点击率、营销接受度去设定推送频次。这种精细到极致的运营方式，才是数智化时代的标配。

此外，很多房地产企业或中介平台都要求员工及时回复客户的线上咨询，但这实在是知易行难，因为谁也没法24小时在线答疑。而很多平台自有的智能回答机器人其实都很不智能，不仅解决不了用户的问题，反而给用户添堵。在这方面，基于AI技术的智能聊天机器人，它的语言处理能力极强，而且对房地产有超高储备，能根据关键词为销售人员匹配素材，还能在销售不在时自动回应。另外，面向群体的社群机器人既能洞察群的活性，又能分析舆情和客户关注点，是社群运营的绝佳帮手。有了它，它就是微信群里的活跃担当，不愁吃瓜群众一直深潜不露。

毋庸讳言，智慧营销是房企数字化转型的重点，房企纷纷采用自建营销团队或与第三方供应商合作共建的模式，积极利用数字化技术提升营销效率和降低营销费率。目前，房企构建完整的智慧营销体系，仍需要沉淀和思考。展望未来，房企智慧营销将迎来四个关键变革。

第六章
房企智慧营销的下一步展望

数智化时代，房企数字化转型步入新阶段。中国房产信息集团（CRIC）调研数据表明，截至2021年底，排名前五十的房企已有86%建设完成了数据库、云服务和物联网等数字化基础设施。[1]

房企智慧营销将要迎来的四个关键变革分别是：

（1）购房客户回归理性，"客户"满意从幕后走向台前C位，头部房企越来越重视为客户提供全生命周期的"体验服务"，房企营销正在从"房时代"走向"客时代"。

（2）人工智能赋能房地产行业，改变房企的经营模式和决策管理，使房企运营更高效、管理更智慧，房企营销正在从AI"初步落地"到AI"主导决策"。

（3）房企未来将面临着多变的商业形态和经营格局，这要求房企必须在多域联合、全域运营、跨组织协同等方面蓄能，房企营销正在从"精准私域"到"智慧联域"。

（4）随着技术的快速发展，元宇宙将AR/VR技术、互联网、社交网络等融合在一起，未来将成为下一代移动互联网的继承者，应用于房企各个业务场景，房企营销正在从"移动互联"走向"元宇宙"。

1　沈晓玲、汪维文、齐瑞琳、张少贤.房企智慧营销现状与发展趋势.克而瑞地产研究中心.https://view.inews.qq.com/a/20220204A02U1000

第一节　从"房时代"走向"客时代"

过去很长一段时间，房地产行业都是以房屋为主导在进行经营营销，也就是"房时代"。开发商兜售的核心要素包括地段、户型、价格、配套等，于是经常会出现开发商扎堆拿地打造区域效应的神仙打架现象，地段为王的情况也在行业内长期占据主导。而随着市场环境及客户需求的快速改变，这一逻辑正在被颠覆。越来越多强调居住、文化等以客户为核心的产品成为爆款，如四川成都的中国四大神盘麓湖生态城，地处外郊却一次次以社群、居住环境打动消费者，成为开盘必抢的神盘。这背后是地段为王的"房时代"到需求为王的"客时代"的明显转变。

房地产行业营销数字化也一直围绕产品也就是房屋来开展，以交易作为核心主线来延伸，而与客户相关如客户触达、转化、运营却鲜有企业深入涉及。如今，一切都要变了。第一，房企积极探索"高效低费"触达客户的最佳渠道；第二，如何在触达客户后更好地让项目将商机转化成签单；第三，转化成功或失败的客户以及多年沉淀的老业主又如何激活并长期精细运营，成为未来房地产行业数字营销的掌舵方向。

一、围绕房的数字化已基本成熟

纵观传统行业数字化发展的规律可以发现，很多行业都是由"后"向"前"来的：先做财务系统，再做生产及供应链，最后做客户管理，这是中国经济高速发展演变的常规行军图。当然房地产行业营销数字化发展初期也是一样：以房屋为主线展开由来已久，因为在快速成长的行业环境里房子不愁卖，二十多年来开发商根本不需要担心没有客户。部分项目可能地段差点或者价格贵点，但经过一段时间的去化基本都会清盘，所以数字化的核心目标是把交易过程管好（将客户和房间一一对应并且价格正确）、钱按时收回来。

针对这两个核心目标，产生了两大数字化产品：以案场管理为主的客户关系管理 CRM 系统及以交易管理为主的 ERP 系统。ERP 系统在地产营销数字化领域较早出现，围绕着房屋、交易展开，发展到目前已经非常成熟。而随着重心向客户转移，以这两大系统为基础，开发商开始逐步构建全面的数字化能力。有了之前的数字化基础，房地产行业已经初步具备智慧营销扎实推进的前提。

二、客户"C 位"时代全面来临

房地产行业颠覆式的重塑后，越来越多的房企在寻求战略及业务模式转型的同时，必将加强核心主业的减费增效、提高利润、降低杠杆的能力。

地产数字化旅程

以往过着"好日子"的营销总监花钱大手大脚，"满城尽带黄金甲"地投放广告、用高佣金的中介渠道，只需一门心思快速去化直奔业绩回款。这也就导致了房地产行业的怪相：

- 新项目完全从头开始投放、储客，费效比居高不下
- 高度依赖渠道去化，80%、90% 以上的渠道占比比比皆是
- 积累了一大批老业主，却完全没办法激活带新，成为"死数据"

比如因为中介占比高导致佣金高，一个很简单的现象可以直观地说明这个情况：贝壳上市时的市值已经超过了碧桂园、万科等传统头部开发商。

当务之急就是构建自己的获客、管客、跟客及老带新体系，形成开发商自主客户转化能力。而其中关键的关键又是客户，要构建自主客户转化体系就必须重新去研究客户：

- 什么"特征"的人群是你的目标客户？
- 这些目标客户在哪里，如何高效低费地批量触达这些客户？
- 触达客户后怎么把他们吸引到售楼部来？
- 来了售楼部如何尽量多地转化成交？
- 成交后如何维护好客户的满意度，形成老带新？

什么"特征"的人群是你的目标客户？ 传统房企的客户研究部门一直觉得可有可无，一方面新产品推出要有基础的客户定位，另一方面这些研究又缺乏特性，现有研究成果对项目去化很难有直接效果。其实"客户"才是房企未来的真金白银。随着线上、线下溯源、数据埋点等收集客户标签的能力越来越强，再结合腾讯、字节跳动等强大三方数据库，客户研究及投放指导慢慢走向可操作化和精细化，客户研究的春天来了。

目标客户在哪里，如何高效低费地批量触达？ 有房企营销总监把精准获客或者精准投放等同于精准营销，不无道理。如果将公共客户比作大海，企业要把自己的客户更准确地从大海里捕获引流，围绕这个使命就要清楚地知道哪些是自己的客户，给这些客户搜集到足够的标签、画像，通过最有效最直接的渠道触达客户。

触达客户后怎么把他们吸引到售楼部来？我们关注的是在触达意向客户后，将商机快速传递至一线，避免流失；同时提供标准化的物料更好地支持一线招徕客户。通过投放线索的落地页、接口，小程序线索的接口打通，将线索直通销售待办，并引导客户添加销售微信、企业微信，持续不断地导流到售楼处。当然在这个时代，线上私域和线下售楼处都是主阵地，都是主战场。

来了售楼部如何尽量多地转化成交？在这一点上其实主要涉及的是案场管理内容。云客等平台已经有了一定基础且相对成熟，但依然有部分场景需要优化更新，如客户意向的客观智能判定、销售力提升、线上商机通过微信 ID 与电话号码同等判客等。

成交后如何维护好客户的满意度，形成老带新？房地产行业客户满意其实一直浮于表面，与客户的互动不足，导致老带新比例很低。从老客户再营销的角度来说，新项目的客户重新激活手段也明显缺乏。原因是在将新客户转化成老客户后，沉淀至系统的多为一组电话号码，大多数客户都在销售的个人微信中，在营销短信、电话基本被堵死的现在根本无法激活。选取一个可直连客户且不丢失的触达平台至关重要。

回到传统房企的营销数字化进展和内容上来看：ERP 解决了交易的问题，CRM 解决了判客、渠道管理、客户内场管理的问题，线上售楼解决了展示及线上成交的问题，但都很难有效解决以上几个核心问题，开发商需要集合已有的数字化系统，构建自己的可低费、实时、直连客户的客户资产平台，打造围绕客户精细化经营的覆盖全周期的数字营销体系。

从业务表层来讲，从公海里捕鱼装到自家的养鱼池，鱼越来越重要。而从营销学的演进来说，客户价值中心化的到来，围绕客户需求建立的运营逻辑才是时代强音。从数字技术的丰富性和成熟度应用范围分析，Z 世代就是未来的世界主宰。

三、高质量客户资产池构建

经以上分析可知，房企自主获客转化能力高度依赖于构建自有的高质量客户资产池，并在此基础上拓展覆盖客户全周期的客户获取、转化、服务运营数字化能力。为支撑以上内容，地产客户资产池必须具备以下特征：

多形式的直连客户　由于对营销电话、短信等的封堵，传统的这两个手段已经接近失效。另外，人们对内容形式的口味越来越挑剔，好的产品必须有吸引人的传递形式来吸引注意，短视频、IP 等成为主流。房企客户池平台必须支持多样的直接客户的通路。

精确溯源　老的营销人都知道，客户数据的丰富和沉淀中包含一个异常重要的数据，那就是客户认知途径。这一信息的积累是支持营销投放的最重要指标，也是客户分析的核心。客户通过什么渠道了解项目、了解活动的溯源能力是客户池平台的第二个重要能力。

资产不丢失　客户池的足够大决定了房企自销占比的提升空间，所以需要不断积累，原来的由销售通过个人微信添加联系客户的方式无疑是不满足这一要求的。一方面是联系通路分散，无法形成统一动作；另一方面销售的离职变动等都会造成客户资产的流失。所以客户必须掌握在企业自己手中，并且能够在销售变动时转交给接手的同事。

精细分层 我们一直在说精准营销、精细运营，如何准和细？这里就需要一个非常重要的基础设施：用户标签及画像。首先房企得通过在跟客户的不断接触中自动、手动给客户打上准确的标签；其次，结合这些标签构建支撑不同应用场景的客户画像；最后，按照标签及画像适配活动、品牌宣传、客户维系等不同营销动作。

灵活扩展 有了以上能力后，客户资产池平台就有了基础的雏形，在此平台上再扩展全周期多场景的其他智慧营销能力是将平台能力放大的关键。因此需要平台具备充足的开放性，快速介入融合应用，实现"1+1 等于无限"。

经过多方面的考量，在企业微信打通个人微信后，其正在成为多数房企构建客户资产池的不二之选。围绕企业微信来构建全周期的客户营销及运营的营销数字化生态也开始逐步形成。

四、"客时代"的营销畅想

有了可支撑全场景精准触达的客户平台后，如何在具体的场景中去赋能及变革成为进一步放大平台效能的关键。结合房企在新环境中的业务探索，我们发现更多的数字化能力在未来的购房体验中落地成为可能，来迎接客时代的狂飙：

高调性千人千面内容。上文我们提到了以客户为核心的营销数字化最关键的能力标签及画像，在这个能力基础上我们就可以很清楚地知道我们现在有一群什么样的客户。进一步可以研究什么样的内容更容易吸引目标客户的共鸣，从而增加对项目的兴趣。那就需要对内容也打上相应的标签，将其和人群对应起来，经过智能化学习不断形成最佳匹配；另外什么样的平台投放什么样的内容效率最高也可以进行相应跟踪；最后甚至针对某个特定人群定制化生产特定内容，达到千人千面的内容获客效果。

一站沉浸式购房及服务体验。 在以往的购房过程中，消费者往往要往返多个入口、平台，在开发商内部要经历策划、销售、客服、物业等多个部门的转服务，很容易造成体验度降低。为此，开发商有希望借助基于小程序 + 企业微信贯通的一站式购房服务平台解决现有问题：看房阶段，客户可以通过官方小程序的 VR、元宇宙等技术沉浸式看房，并实时在线咨询销售相关购房问题；确定购房意向后，通过电子签在线支付锁定房源，此时服务人员自动转到销售秘书及财务；交付阶段，专属客服定期推送项目完工进度并在交付前自动通知客户相关准备；入住阶段，物业、客服组成联合服务小队，多对一在线实时服务客户。在此过程中客户方无须做任何操作，一切都由系统及相关工作人员在系统后台自动切换，给客户形成一站沉浸式全周期购房及服务体验。

定制化产品。产品定制化应该是很多行业数字化的终极目标，当然也是数字营销的终极目标，这需要非常多的基础能力配合：客户在线 DIY—物料拆解—供应链采购—生产装配—交付。房地产行业很难做到百分百的定制化生产，因为涉及的物料实在太多且户型的规划是有一定限制的，但部分定制化的装修对开发商来说是可以努力实现的，基于高保真的 VR 技术让客户在线挑选自己喜欢的装修风格，后期分拆后在精装中落地交付，最大程度地满足客户对家的个性化需求的同时更实现了数字营销中以客户需求为最终目标的追求。

自动化客户运营。在以往的营销场景里，多数重复的购房服务、客户维系动作都是由销售人工完成的，人力浪费不说，有时还会被忘记。客户在完成签约到收房的很长一段时间里，开发商几乎断掉了跟客户的联系，所以很难去激活再营销、老带新。通过自动化的手段，不论是在签约等过程化动作的自动通知，还是节假日及生日的自动关怀、交房装修等专业知识的定时推送都较大程度地维系住了客户的满意保持黏性跟进。

总之，房企围绕客户这一核心资产经营是未来很长一段时间的重要课题，也必然在业绩贡献上逐步体现其优势。以类似企业微信这样的平台搭建数字营销生态体系正在成为主流，更多的智能化应用将进一步革新房地产营销的各个场景，赋能一线，最终优化费效，实现房地产行业主营业务的不断精进。

第二节　从 AI "初步落地" 到 AI "主导决策"

人们提到人工智能、AI，一定不会忘记 2016 年 3 月，阿尔法狗 (AlphaGo) 与李世石的那场围棋人机大战，阿尔法狗是第一个击败人类职业围棋选手、第一个战胜围棋世界冠军的人工智能程序，这次 AI 的智能化在科技界和围棋界都产生了深远的影响，引爆了人工智能的火花。

人们也不会忘记，一个以虚拟形象在三维空间中与各种软件进行交互的世界的元宇宙（Metaverse）狂飙突进，平行于现实世界且高度互通的虚拟世界的构想惊爆了科技圈、资本界。更为惊世骇俗的是 ChatGPT 横空出世，从上线两个月用户破亿，到相关概念股股价狂飙，再到互联网巨头纷纷抢滩布局，"长江后浪推前浪，ChatGPT 将元宇宙拍在沙滩上"。有业内人士调侃：不少曾经的"元宇宙交流群"瞬间改名为"ChatGPT 交流群"，这种进化速度比人工智能快一万倍。

我们就是在这样的背景下探讨房企智慧营销的制胜之道。

在 web3.0 时代，房企该如何通过 AI 技术赋能营销，不断满足用户的即时和潜在需求，助力企业品牌实现多元创意营销呢？

一、AI 场景化应用概述

诸多房企在 AI+ 营销层面不断探索新的尝试，通过 AI 的能力赋能营销。例如远洋集团通过 AI 对客户的购房意向度进行分层管理，从而有效提升销售对客户购房意向的精准判断，再通过 AI 的能力根据不同的模型 (业绩优先模型、绩效优先模型、传播归因模型等)，将有效的销售线索分配给销售，从而有效地提升"销售"能力。人脸识别技术在 AI 领域较为成熟，过去已经有众多房企在项目案场通过人脸识别来进行风控，避免客户被"买卖"。

当然我们也必须承认，要实现智慧营销价值的潜力释放，房地产企业仍然面临诸多挑战：

（1）数据资产匮乏，AI+ 营销的优势在于对于数据的处理及相应能力，但谁能想到，长板也可能成为前进的阻碍。大数据是 AI 的基础，没有数据，AI 就是个呆子，何谈指导人类的营销活动？尤其在某些应用场景下，企业采集客户数据的数量和类型，难以达到人工智能技术实施的需求，导致 AI 模型的实施效果不佳。

（2）模型结果难以体现商业价值，一些地产企业在客户洞察上也通过构建地产的数据中台，客户数据中台、CDP 等平台具备了客户洞察的技术基础，但发现构建的客户画像，在商业化上并没有实现应有的价值，这些平台仅仅成为房企信息化部门的自娱自乐。

（3）房企对 AI 赋能的认知度不够，为 AI 而 AI，从而仓促展开 AI 项目；以为建设了数据中台，有了 AI 能力，一切问题就解决了；停留在这样的想法之上，在构建 AI 底层数据能力时，忽视数据的数量与质量，只凭一知半解，难以突破。

综上，我们可以看出房地产行业要想通过 AI 能力赋能营销，还有很长一段路要走，需要体系化地建设 AI 能力，体系化地认知到 AI+ 营销，体系化地从集团全局出发才是未来营销的发展方向，不畏浮云遮望眼，自缘身在最高层。

二、AI 应用对营销场景改变

至此，MarTech(营销技术) 进入 AI+ 营销阶段是不可逆的。一方面行业自身痛点将驱动 AI 技术在营销应用上的不断深化，另一方面资本市场的探索尝试也为智慧营销的长期发展提供了一定程度的利好条件。

AI+ 营销的核心是交互，以客户为中心，特点是在广泛覆盖的基础上有了更多交互的可能性，不再是单向信息传播，而是与消费者互动与沟通；主要营销工具是流量媒介的广告投放、搜索引擎的竞价广告和社交媒体的广告，当然也包括自有平台的私域触达。而传统营销以曝光为核心，是以产品为中心的理念。AI+ 营销的特点是相对于传统线下营销模式，营销信息可以覆盖广大的消费者群体，营销是以媒介广告、电视广告为主，目标是通过品牌曝光来获取增量用户。

AI+ 营销的本质是营销效率的提升，以挖掘客户全时全场景价值为理念，特点是人工智能技术在营销领域的逐渐渗透，营销各个场景和环节更加智能化，营销效率不断提高。更进一步的 AI+ 全域营销核心是智慧营销生态建设，以实现用户全场景覆盖、全链路数据采集、全域客户数据洞察、全渠道精准触达的 Al 赋能。

在智慧营销领域，房地产行业现阶段将 AI 技术最多地、应用在客户画像和个性推荐方面，目标是更好地实现精准化、个性化、最大化挖掘客户全生命周期营销价值。然而因为房地产行业过去不重视客户数据的收集和沉淀，导致一定程度上客户数据的可用性与现有 AI+ 营销技术所需的数据的匹配程度不高，业务价值体现不明显。但正因如此，在房地产行业这也给 AI 赋能营销带来了更大的想象空间。

AI 需要灵活地支持各类营销任务，解决各类营销业务的需求与痛点。当前，企业智能化需求各不相同，导致相应的 AI+ 营销任务也种类繁多。房地产行业现阶段通过 AI 应用到的营销场景也主要包括营销场景智能化、沟通场景智能化、客户洞察智能化、广告投放智能化和经营策略智能化五大类。

营销场景智能化： 在 AI 赋能的场景中，通过 AI 算法模式和图像识别的能力，自动感知识别场景信息，并加以理解，挖掘出场景中的需求，基于不同的场景需求，创造与该场景高度匹配的内容，让用户在不被打扰的情境下完成沟通。比如 VR、3D 沙盘、互动视频等等。

沟通场景智能化： 智慧营销能够通过图像识别、特效、语音识别、人脸识别、人体动作识别及 VR 等技术赋予沟通创意，在与消费者互动中打造话题事件与内容，助力品牌"破圈"。比如 VR 带看、智能客服、自动话术推荐等。

客户洞察智能化：通过 AI 技术 + 智能算法，进行用户画像分析、客户行为分析、客户偏好分析，构建一套完整的客户兴趣模型，帮助地产企业对客户进行深度的洞察，包括行业洞察，打造智能客户数据管理大脑。

广告投放智能化：能对客户行为和偏好进行分析、深度理解并匹配，从而完成智能定向、智能出价、智能创意、智能优化的链路智能化投放。智能投放数据来源是广告投放数据 (广告点击、互动行为、转化行为等)，要通过的模型训练包括大规模离散模型技术、计算效能、复杂网络、表征及序列化学习、出价策略模型，多模态内容理解、富知识化可控的广告文案生成框架及 CTR（Click—Through—Rate 点击率)、CVR(Click Value Rate 转化率) 预估模型。

经营决策智能化：依托 AI 的技术和各种数据形成相应的算法模型以及相应的 BI 经营工具 / 平台为地产企业扩大营销阵地，比如客户数据中台、BI 分析平台等。

三、AI 主导决策应用展望

正如我们前面所说，AI 在各个技术领域和场景下的突破已经取得了让人叹为观止的进步，没有人会质疑人工智能还在突飞猛进，而更加值得期待的是各个单项技术的极限突破，正在汇成一股洪流，形成指数性应用场景数量的增长，我们将迎来 AI 对几乎所有营销场景的再造、优化、革命，甚至颠覆。可以大胆地展望，未来的智慧营销，AI 会深度影响营销战略并主导绝大部分战术层面的执行决策。

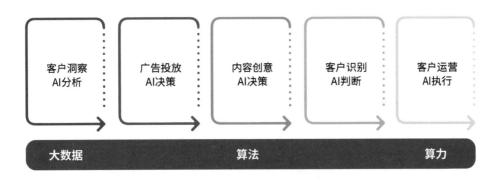

AI 主导决策应用展望

1. 广告投放 AI 决策

只需要目标和预算设置，AI 投放的质量和效果将远远超过现有任何广告代理的最佳投手。AI 投手做出的综合投放策略，将决定项目在每个平台的投放预算、投放时长、目标客群、投放时间段，并精确提前预估效果；平台数据持续训练而来的投放模型，将远远超越依靠人工经验所得，并杜绝行业腐败的可能性。

AI 更容易在安全保护客户隐私的情况下进行数据交换，通过联盟算法等手段达成与互联网平台更紧密的合作关系，实现投放数据前后链路的基本贯穿，将投放精准度大幅提高，转化率数以十倍计地增长。

AI 将全方位对广告分发自动进行 A/B test，根据即时数据反馈，随时调整投放策略，更精确达成目标。

2. 内容创意 AI 决策

我们即将或者已经进入 AI 内容生成技术大爆炸的时期，在 2023 年我们会看到以下 AI 内容能力的突破性进展。

▪ 自动内容生成：通过使用生成对抗网络（GANs）和其他生成技术，人工智能可以生成文本、图像、音频等多种内容。

▪ 文本生成：通过训练语言模型，人工智能可以生成各种类型的文本，包括故事、诗歌、新闻报道等。

▪ 语音生成：通过使用语音合成技术，人工智能可以生成人类般的语音，用于语音助手、语音识别等应用。

▪ 自动图像分类：通过使用卷积神经网络（Convolutional Neural Networks，CNNs）和其他图像识别技术，人工智能可以自动识别图像中的对象、场景等。

▪ 自动图像生成：通过使用生成对抗网络（GANs）和其他生成技术，人工智能可以生成各种类型的图像，包括超现实主义、抽象艺术等。

AI 将比大部分原创作者更懂得语言和词汇的组织，更快速熟练引用相关资料查证和对比；更具备信息收集、运用投资模型和数据来说服客户的能力；AI 将比一般销售更加忠实于规范化说辞以及不知疲倦地快速针对性应答；更能够为每一位客户挑选和定制内容和信息。

AI 将根据场景和平台的需要，把等价信息在不同内容形式中无缝转换，决定何时何地以何种内容形式进行信息传递——详尽全面的文字说明，高亮信息点的海报呈现，通顺悦耳的语音播报，或者吸引眼球的短视频。

AI 将通过内容的分发自动进行 A/B test，在客户对内容的即时反馈过程中，随时调整内容信息的长短、措辞和投放比例。

AI 将加速内容的生产速度和效率，比策划人员更及时更敏锐地发现线上热点，快速跟进到内容生产中，以指数化增长的规模加大内容数量和更新频次，获取更高的传播效率和触达量。内容生产领域的生产力和生产关系可能都会发生难以预计的影响。

3. 客户洞察 AI 分析

AI 将通过算法自动评估客户的购买意愿和购买力，并持续不断通过机器学习和强化学习将更多标签维度纳入算法模型，从而更加精准地对客户线索进行分级，更加精准严格科学地评估客户；同时，根据由历史成交数据训练的销售人员模型，将线索匹配给最合适的跟进人员，以获得整体转化率的提高。

在人工介入前或者非工作时间，以 NLP/TTS、虚拟人技术为基础的拟人化 AI 已经启动自动化服务，帮助客户答疑解惑的同时，决定给客户置上合适的标签，持续完成对客户的个人画像工作，并判断以最合适的说辞进行客户引导。在客户意识到 AI 介入之前，可能已经完成了引导客户到访的过程，甚至锁定了客户的成交意向。

4. 客户识别 AI 判断

AI 将取代大部分官媒运营人员，通过预先设定的媒体矩阵，自动决定内容的分发策略、时机，预测客户的触达效果，并实时修正。

根据客群目标进行详细人设预定的 AI 形象，不会"塌楼"，不会触发涉黄涉政或者营销风险，IP 资产安全可控，并在理论上具备 24×7 的工作时长，可以满足品牌宣传、客户服务、直播各个营销场景。

AI 将通过加密数据，实现跨平台客户数据的识别，为企业客户资产沉淀形成高质量保证的同时实现更精准、可靠、公平的全方面的判客。

5. 客户运营 AI 执行

房地产企业在 AI 技术加持下，将逐渐拥有能力高度标准化，客户可感受高度个性化的客户运营体系。千人千面、高频次的客户内容运营、活动运营、老业主调度。AI 不仅将决定如何全面、优雅地对客群进行分群、分时段运营，更会持续更新客户资产数据。

自动化 SOP 真正成为客户运营的基础动作，取代所有重复性劳动。一线销售和服务人员将把时间精力全部投入个性化的客户服务和异常处理之中。

以数据、算法、算力为主要突破的 AI 技术突破，不仅全面提升智慧营销的生产力和现有决策效率、决策过程，更会带来生产关系和生产模式的改变。我们可以大胆展望，以创意、计划工作为主的人员在营销活动中的权重和贡献度将显著超过以知识储备、执行工作为主的人员；营销工作中心将更多由投放、渠道管理、运营实操转向更多关注客户需求和产品力提升；全流程数字化、AI 化的同时，成交链条上每个节点贡献度、价值体现全面量化和重新评估，佣金、提成分配可能也会随之发生变化，甚至存在动态分配的可能性，其对个体积极性的影响面，可能远超人工设计的 ACN 网络。

我们有理由相信，引起举世瞩目的 ChatGPT 很快就会跨入商用领域，率先在客户运营领域赢得场景突破，以 AI 支撑的对话、服务机器人，拥有比人类客服、电销人员更快的反应、更好的服务甚至更聪明的应答技巧。

6. 销售转化的 AI 辅助

⑤：购买房屋是一项重要的投资决策，需要面对面的交流和充分的信任。客户可能希望与真实的销售代表进行交流，以确保他们对房屋的决策是明智的。因此，房地产销售代表在未来仍将继续扮演重要的角色。AI 在提供大量、全面的信息应答，实时响应客户咨询方面毫无疑问将起到更多辅助作用。【以上文字由举世瞩目的 ChatGPT 生成】

未来有一天，客户可能会更加相信 AI 的中立性和理性逻辑，在重大决策时更多考虑 AI 的意见。

第三节　从"精准私域"到"智慧联域"

房企私域流量模式发展与互联流量形式一致，随着流量红利见顶，整个行业都存在获客成本增加的问题，而对地产高客单价的赛道来讲，获客成本原本就是巨大的，获取线索成本逐年提升，导致地产自主获客越加困难，如同雪上加霜。以往房企还可以通过渠道实现高效率的去化，但获客成本的提升一样在中介渠道中体现，高额的佣金严重挤压房企利润，为了摆脱这一困境，大部分房企都开始构建自有的私域流量平台。

未来，房企将面临多变的商业形态和经营格局，这要求房企必须在多域联合、全域运营、跨组织协同等方面蓄能。房企构建可持续增长的品牌私域，实现未来商业的全面增长，核心是和公域参与者联营、共赢。

一、"精准私域"的定义与局限

对于房企私域的定义，不同行业、不同平台也是各有差异，其中一种说法相对合理，企业私域是企业有稳健触达客户的通路，可以低成本或者零成本地反复触达客户，进行持续的影响和转化。

房企搭建私域流量和运营平台，为实现自主营销奠定了基础，但这条路对走惯了康庄大道的房企来讲，还需要磨合和摸索。'精准私域'的核心要素一定程度上可加速房企快速掌握私域运营核心能力，并且取得成果。'精准私域'核心要素主要是精准触达和转化，房企一线人员对私域兴趣低的原因主要是私域运营工作量大，一场活动下来取得大量的客户资产，但有效线索数量很少，这个过程去做线索筛查和运营转化需要耗费巨大的精力，因此房企一线人员对做私域几乎都不感兴趣。如果可以通过一些工具赋能，把私域流量筛查和运营的过程自动化处理，一线拿到的线索质量和公域一样，甚至略微差一些，那么一线渠道也不会排斥执行。

'精准私域'对房企来讲可以通过较低的成本，获取线索并且进行转化，对房企打造可持续发展的自主营销有着巨大意义。房企也在相继发展各自的私域运营平台，并且都取得了相应的成绩，例如旭辉、时代等，在线上私域流量、老业主运营层面，每年有 20% 的成交占比。但如何把私域流量的价值最大化呢？企业花了巨大的成本去搭建了一套流量运营平台，如果房企运营私域流量，仅为了通过老业主推荐，实现房产去化，这点价值产出远远不够！因为买房是低频事件。因此房企自建的精准私域流量平台中的流量，其中的价值尚有待进一步深挖，甚至因为流量平台的静默导致流量价值流失，这些问题对房企来讲都是磨盘压手亟须考量的。

未来，面对多变的客户需求，将出现越来越多的细分场景，流量不断被分流，这使得流量的供给方与流量的需求方之间的边界变得模糊（客户流量既作为需求方，又作为供给方）。打破房企私域价值天花板的最佳路径，即将公私域流量融合、交叉组合成为联域模式，实现流量运营转化价值最大化。

二、"智慧联域"定义和场景

智慧联域指的是房企可以跨业态、跨企业实现公私域的流量联合运营，来实现多方共赢的目标。公域流量运营的关键是"捞"，即从公域渠道"捞"更多的目标客户。私域流量运营的关键是"养"，即通过精细化运营来沉淀客户，形成私域流量池。房企私域运营要突破其局限性，公私域流量融合形成智慧联域会有更好的发展。这里的公私域融合不是房企自身获客形式的公私域融合，而是跨企业、跨业态的公私域融合，通过这种流量融合方式，实现"私域打破边界、资源联域输出、客户共营共赢"，智慧联域模式突破了销售和流量思维，真正实现了客户价值回归。

异业合作是房企自主拓客经常选择的手段和方式，本质上属于联域的一种模式，可以称为智慧联域1.0版本。房企与项目周边企业、零售门店合作，例如奶茶店，消费者在购买饮品等待期间，店员可以推荐消费者关注周边项目楼盘，可以参与抽奖免单，对流量进行二次使用，帮助项目推进私域流量池的扩大和线索的获取，对于奶茶店来讲，如果推荐的线索有到访、成交，可触发一定的激励；同理非奶茶店引流到访的案场来访者，一样可以进行奶茶饮品的免费畅饮、奶茶优惠券（限门店使用）发放、游戏互动抽奖全年免费畅饮等，双方流量做了互换，提高了流量利用率，对各自自主经营能力和水平都有提升，和光同尘。

房企实现智慧联域的本质是提高流量的利用率，降低费效比。纵观当下房企在流量运营层面应用场景，做得比较好的如龙湖、瑞安等多业态经营性房企，通过搭建一套大会员体系，实现住宅、物业、商业等业态间流量的交叉引流，来提升房企整理流量的利用率；除了内部跨业态的流量交叉运营外，锦和商业、宝龙商业等更多基于企业与企业、企业与KOL间流量交叉运营，提高流量互通、规避流量静默，实现多方共赢。本质上这些做法都属于智慧联域的探索和实践。

所以说智慧联域是不局限于公私域、线上线下、企业、业态的流量科学性联合应用的一种运作模式。过程中借助营销内容、自动化服务、大数据分析、区块链等技术手段，实现流量的科学分配和利用，提高流量的利用效率，实现企业多方共赢的目标。

三、"智慧联域"的实践案例

1. 实践案例一【R集团】

R集团的住宅产品以豪宅、精品盘获得消费者青睐，除住宅项目比较亮眼之外，旗下还有多条泛地产产品线，涵盖物业、商业、办公等，其在商业运营方面能力毫无疑问具备行业代表性。

经过长达二十多年的地产经营，R集团在各个产品线都有客户资产的积累，其中除了住宅的几十万高质量业主资产外，在商业层面也积累了大量的会员资产，这些资产分布在各个产品线，存在数据孤岛，统筹调用交叉运营有一定难度。2021年底，R集团启动了"大会员生态体系"建设，在各个产品线构建会员服务触点，符合各个业务线的场景需求，在底层进行数据打通，构建数据中台，对数据进行整理梳理、清洗、归类等生产加工，打破了数据孤岛，实现客户数据统一规划和应用的底层基础。除了底层客户数据打通，在业务触点层面，为了实现客流的交叉运营，R集团在住宅产品线、商业产品线搭建了会员服务平台，主要服务业主客户和商业消费者；并在办公产品线服务企业经营管理。借助这次大会员体系的搭建，R集团在各个产品线触点上进行了交叉引流，并实现了会员生态服务及福利的通换通兑，例如住宅积分可以在商业兑换礼品、购物券、停车券等，也可抵扣物业费等，通过服务的打通，实现自有私域客户流量的交叉引流，提高流量的利用效率，降低流量浪费，同时所服务的客户感受度和体验度也极大提升，其品牌影响力也将更上一层楼。

2. 实践案例二【B 商业】

B 商业聚焦长三角，商业运营服务营收占比超过 8 成，毛利占比接近 9 成，是绝对的主导业务，把握比较优势。未来三年公司致力于继续提升经营管理能力，树标杆、领行业。

公司拥有四大产品线，具备多维度运营能力，随着商业综合体持续增加，'大开发时代'进入'存量竞争时代'，商管公司及运营平台相互间竞争白热化。在网络零售、本地生活服务的冲击下，线下零售日渐式微，购物中心的"购物职能"被弱化。"体验与社交职能"被强化，成为客户的第三生活空间。内容重要性逐渐超越空间资源，转化越来越依赖于优质内容引流，单纯空间运营的难度越来越高，购物中心运营普遍存在流量焦虑。B 商业作为轻资产运营专业公司，对旗下商业流量运营也是在积极探索，尝试突破困局。

2018 年和 2020 年先后打造了自己的 PMS（工程生产管理系统）和商业消费者会员生态，通过'纽扣计划'实现消费者、租户、运营方三位一体联动。2022 年中，B 商业与原圈科技、火山引擎联合打造商业流量运营新模式，通过对项目业态、客群画像和竞品分析等环节，匹配抖音生态 KOL，打造周末狂欢秀，实现商户引流赋能。其次搭建直播秀平台，以 B 商业作为直播平台，其上搭建租户 KOL 直播矩阵，直播过程中通过火山引擎客户画像监测、匹配与租户 KOL 进行匹配，将流量自动导流到高预测转化的直播间进行转化。

此次升级，正是实现了抖音 KOL、商户直播、线下消费等多端口公私域流量的交叉应用，过程中借助火山引擎的画像分析，实现精准分流、导流，提高流量利用率；同时对多端口都实现了流量增粉赋能，消费者体验升级，抖音 KOL、商户，尤其 B 商业都名利双收。

第四节　从"移动互联"走向"元宇宙"

移动互联网引发了房地产行业发展的新浪潮，互联网技术和商业模式的冲击打破了房地产行业的壁垒，为房地产行业实现万物互联带来了机遇。2020 年"贝壳"上市与"天猫好房"平台上线，迎来了房地产行业智慧营销的一个全新时代。元宇宙是利用虚拟现实和数字孪生技术链接和创造的虚拟世界，能够与现实世界交互和映射，是具备新型社会体系的数字生活空间。随着技术的快速发展，元宇宙将 AR/VR 技术、互联网、社交网络等融合在一起，未来将成为下一代移动互联网的继承者，应用于房企各个业务场景。

一、元宇宙的定义

元宇宙是一个术语，用于描述由物理现实和虚拟现实的融合创建的虚拟世界或模拟，通常通过互联网访问。元宇宙的概念指的是未来的全球环境，人们可以在其中相互交往并与数字实体在共享、沉浸式体验中进行互动，模糊了物理与虚拟世界的界限。

30年前的小说《雪崩》中首次描绘出了一个平行于现实世界的虚拟空间——元宇宙（Metaverse）。在这一空间中，用户能够以数字代码形成的虚拟"化身"穿梭自如，构建自己的"王国"。30年后第一个元宇宙概念股 Roblox 于 2021 年 3 月 11 日在纽交所上市，首日估值达到 450 亿美元，"元宇宙"引发了资本圈和科技圈的融资热潮。2021 年 10 月 28 号，全球第一大社交媒体 Facebook（脸书）正式更名为"Meta"，更是全身心下注元宇宙的未来。

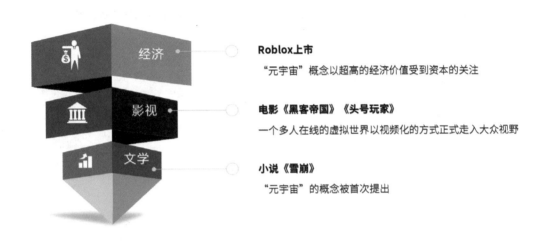

元宇宙有六大特征，分别是：沉浸式、社交性、开放性、永续性、丰富的内容生态、完备的经济系统。

二、元宇宙对地产营销的意义

互联网流量见顶，元宇宙提供了触达消费者的新渠道。各行业品牌积极参与元宇宙进行试水，充分挖掘元宇宙潜力价值以保持品牌的领先性。相关数据显示，发展初期的元宇宙，网络消费者已有一定的认知性（29.8%），并且这些用户对元宇宙保持有较高兴趣度（80.3%）。在元宇宙的相关实践领域中，消费者对虚拟现实融合的沉浸体验活动参与意愿最高（38%）。基于元宇宙社交性、沉浸式、强交互、用户创造等特点，元宇宙为品牌营销触达、互动体验构建、用户运营和产品零售革新提供了巨大想象空间。元宇宙与移动互联网类似，均是以5G、云计算等数字技术为支撑，通过人工智能技术不断迭代升级。未来，元宇宙将成为一种全新的社交方式、生活方式、工作方式，世界的空间秩序将被重新组建，对住宅的地域限制也将突破，房地产行业的数字化全武行时代来了。

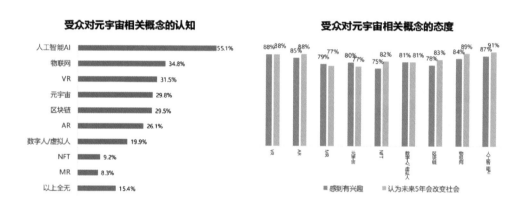

2021年末，海外的元宇宙房地产交易异常火爆，价格不断刷高，如数字资产投资集团Tokens.com的子公司Metaverse Group以243万美元（约合1545万元人民币）的高价购买虚拟平台Decentraland的一块数字土地。除了数字土地的交易，元宇宙未来有望赋能大量地产业务场景，实现指数增长。传播触达上，元宇宙作为去中心化的数字空间，打破时空限制，为"品牌露出"带来的流量不可估量。同时，广告形式不再是手机或者PC屏幕上的图文与视频，虚拟技术丰富了品牌创意和广告表达方式，用户广告观感更为鲜活，卷入程度高；体验构建上，元宇宙现场性、灵活的互动方式为用户带来身临其境的体验，消费者也成为品牌环境与广告的一部分，用户参与度高，品牌营销的灵活性更强；用户经营上，品牌以自建虚拟社区的形式，通过消费者在社区中的创造、社交行为与用户建立强情感联系，使用户成为品牌内容、体验的积极参与者与创造者，而不仅仅是信息的扩散者；元宇宙虚拟+现实融合的模式，为品牌提供了新的产品售卖方式，成熟品牌尝试将现实产品带入数字领域创造数字商品，虚拟空间也衍生出了完全依托于元宇宙的虚拟品牌，同时XR技术赋能用户购物体验，在品牌数字商店中充分体验并购买实体产品，享受沉浸式的购物体验，未来虚拟+现实的全域营销模式或成可能。

元宇宙是房企数字化转型的新模式，地产企业的数字化目前看起来正在加速中，头部房企动作频频，一些新兴房地产链条上的企业，如自如、贝壳等租赁公寓的兴起，更是加速了这一数字化进程。不过，从整体市场和各家进展来看，目前想依靠数字化转型实现高位增长依然困难。新商业模式的出现是必然。基于存量市场的竞争，在"房住不炒"的总基调下，房企要想从存量市场竞争获利，向精细化运营转变似乎是避无可避的选择。挖掘现有用户新需求，形成"地产＋产品／服务"的新模式，将业务重心由"拿地建房"转向"大资管""大运营"，这是新的市场需求，新的需求对应的就是新商业模式。对于房企来说，基于元宇宙世界的地产运营就是这样一个新模式、新机会。房地产经过数年发展，在投资开发经营、设计建造、中介服务、租赁经营、物业管理、空间运营等环节的商业模式已然成熟，而这些服务将来在成熟的元宇宙世界中也会有所作为。成熟的元宇宙世界，几乎可以说是现实世界的复刻，但又具备现实世界所不具备的种种优势，比如房地产开发和设计的更多可能性。

元宇宙提供的不仅仅是一个虚拟空间，当社交关系、现实空间完全同步到线上，元宇宙有可能成为第二现实空间，除了基本生理需求外，能够满足几乎所有的精神、生活、办公需求，地产企业的数字化应用前景还有很多。元宇宙也将成为企业连接用户的方式，将线下的用户资源"转移"至线上，打通线上线下，从而拓宽地产盈利模式、探索更多业务可能，更好地借助资源撬动 C 端用户，加速地产企业的数字化转型。

对于房企来说，进驻元宇宙看起来是一件可为之事。

那么，具体来看，企业都有哪些方式来撬动用户、完成转变、加速转型呢？撬动 C 端用户是重点。对于投资虚拟地产的个体散户，不少声音都倾向于认为其被"割韭菜"，炒作价值远大于实际价值，投机属性浓厚。诚然，从目前交易来看投机案例比比皆是，但元宇宙对于企业、品牌方来说，却非投机产品，反而是撬动 C 端用户的抓手。企业想要的无疑是用户，恰好元宇宙世界里有海量用户。

不仅是虚拟世界的沉浸式体验，地产公司基于既往商业地产的运作经验，还可以提供更多更为独特的玩法。

出售地块是一种玩法，通过构建商圈密集、用户流量大的中心地段，形成元宇宙世界中的CBD，再通过租赁、质押、广告和开发等方式来跟入驻的品牌方合作以获利。当然也可以出售给用户，用户再将其转售给企业，用来开发商店、陈列室、游乐场、展览中心等等。在购买虚拟地产后，这块地皮的所有者除了有在线上处理的权利之外，地产公司还可以给予其线下权益，在给用户带来身份认同之外也能够有实物奖励，作为被动收入。

还有就是数据的经营，房企手上积累的海量用户数据和地产数据，是开发元宇宙最好的资源和资本，这是很多初创型科技公司所不具备的。对于地产公司来说，元宇宙空间的开发又能够将数据的收集、处理、分析拉到线上，从而加速企业数字化转型的效率。当然这是机遇也是挑战，挑战在于如何丰富生态，如何提供足够有吸引力的玩法，如何在硬件和技术方面提供充足保障。

地产公司进军元宇宙，是快人一步的前瞻之举还是炒作热点的跟风之作？对于很多人来说，元宇宙中的地产算不得数字资产，跟币圈一样风险高且并不具备稀缺性。的确，也许目前的元宇宙世界，基于数字资产确权的唯一性还足够稀缺，但同样有专家表明，具有无限空间的虚拟地产并非完全不可能出现，而一旦出现，无疑会稀释目前虚拟地产的价值。对于地产公司来说，想要拥有的似乎不是这块地产的实体价值，而是其带来的全新商业模式，一种有着新颖的服务模式和无限连接用户可能性的全新想象。

三、地产营销如何融合元宇宙

数字人聚焦完成人不能、不愿、不擅长的重复性、简单服务性、信息提供性和行动性工作，然后随时和人的互动融合穿插起来，无缝衔接。比如房地产行业利用虚拟数字员工降本提效的案例：万科数字员工"崔筱盼"在数据和算法的驱动下，以高于人类员工千百倍的效率处理各种日常化、标准化、高重复性工作，她催办的预付应收逾期单据核销率达到 91.44%。未来，数字人将与人类相互协作，活跃于大众视野中，为政府、企业和个人带来巨大价值。

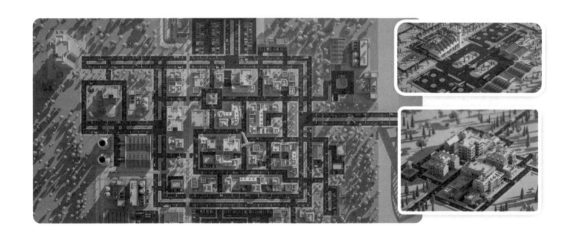

虚拟技术赋能商业中心，营销推广促转化。元宇宙时代，消费者更加追求个性化体验消费，具有沉浸式体验的商业中心能够进一步改变线下商业内容和体验服务模式，有利于激发消费者的购物兴趣，给予消费者更好的购物体验，并通过虚拟技术对消费者人群进行引流，推动营销闭环，促进销售转化。

元宇宙之于房地产行业能产生哪些新的应用场景呢？能否通过这些应用变化，小则推动房地产企业"提质增效"，中则推动企业的战略转型发展，大则重塑一个业态的未来呢？

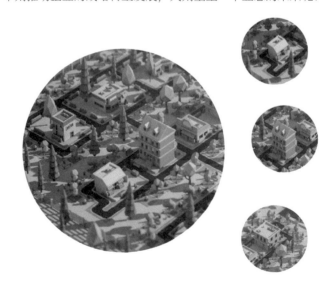

在与某大型国企地产集团的合作中，大家期待运用元宇宙技术，构建虚拟房屋场景，再通过VR、AR 等扩展现实技术提供沉浸式体验，营造现场看房的感觉；除了房屋，小区公共活动场所、绿化、商业场所等相关信息都可以通过元宇宙基于数字孪生技术生成现实世界的镜像，让客户体验真实的入住感；元宇宙还可以基于区块链技术搭建经济体系，将虚拟世界与现实世界在经济系统、社交系统、身份系统上密切融合，为品牌营销提供新玩法。

把元宇宙应用于房地产行业，也将在房地产的各个链条与环节中带来新变化，产生新应用场景。

具体来说，将有以下四大应用场景：

元宇宙销售场景：元宇宙在房地产中的应用，首先应该是销售环节。

今天我们去买房看房，所能看到的只有样板间，而且受制于售楼处空间和成本的限制，样板间也只能设计 2—3 个户型，且体验感、参与感不强。同时对于地产企业来说，售楼处也是一笔很大的投入。而通过元宇宙的相关技术，可以构建虚拟房屋场景，通过 VR、AR、3D 裸眼技术等，营造真实居家的感觉，客户不仅可以身临其境、沉浸其中，还可以根据自己喜好自行设计房屋布局与装修。不仅是房屋，小区环境、绿道、公共活动场所、商业空间等楼盘相关信息都可以通过元宇宙创造数字孪生的虚拟世界，让购房者体验真实的入住感受。

同时还可以增加很多现实与虚拟互动的游戏，还原真实住房、设计房屋布局和社区的功能，或者设计很多儿童喜好的社区娱乐游戏置入虚拟社区，增加购房者的黏性。这样开发商也不用每一个项目都建设一个售楼处或每个售楼处都需要做样板间，或者每个样板间都面面俱到，完全可以在市区人流密集的地方集中打造元宇宙售楼空间站，服务多个项目。

元宇宙设计场景：现在不少地产企业已搭建起基于 BIM 的建筑设计系统，实现设计三维化、立体化、可视化。元宇宙应用在房地产的设计环节，不仅仅是通过元宇宙技术应用，使建筑设计、小区设计等更加真实可视，更重要的是设计与消费需求的互动。元宇宙核心是交互、创造，元宇宙设计场景应用是要更多通过前端销售元宇宙场景所积累的、购房者所创造的内容与数据，反馈到设计中，用来调整项目设计。

比如前端销售元宇宙场景中，购房者在房屋设计中更多细化哪些户型，或者自己设计哪些户型，这些大数据都可以反映到设计中来。又比如在社区中通过游戏的方式，发现购房者对社区某一项功能的使用率并不高，则在项目设计中可以取消或者调整。

元宇宙开发场景：在房企数字化转型过程中，"智慧工地、云监工"等逐渐应用到了项目建设、施工中。许多房企如美的置业、华侨城等推出"透明工程"，利用视频、直播等提高工程透明度，实现建设施工过程的远程监视可视化等等。

而通过 VR、AR 技术构建施工现场虚拟全景的元宇宙开发场景，管理者和购房者可利用自身虚拟形象参观建筑工地，了解实地施工建设情况以及相关过程数据，同时开发商和装修公司也能预先掌握各单位完工后的整体效果，做好相应的准备工作。

元宇宙物业管理场景：近年来，社区物业管理的智慧化应用越来越多，不少物业企业利用信息技术手段构建智慧物业管理系统和解决方案，如万科的万物云、商汤科技的"AI+ 物业"等等。而元宇宙时代的到来，会进一步提高社区物业智能化，通过数字孪生可以为小区构建一个完整的虚拟世界，将所有信息映射到虚拟信息模型中，形成一个虚拟社区环境，物业可以及时了解社区的状况。比如停车场管理、社区消防、能源利用等，整个社区真实运行状况都可以清晰直观地呈现在眼前。

更重要的是，通过虚拟空间，可以发布、组织各种活动以及各种服务，社区居民不仅全面了解全社区的状态，更可以在元宇宙虚拟空间中交互、互动与创造，再次生成更多内容，产生服务与交易的需求。构建元宇宙物管应用场景，不仅增强社区管理服务精细化低成本的运营能力，提升社区物业服务的质量，还能创造更多增值服务的机会。目前已有一些类似的元宇宙产品在推广，如百度希壤等。

元宇宙与房地产的结合不仅仅是通过技术、设备等创造各种虚拟与现实融合的场景、空间，更重要的是在新场景下，元宇宙居民的交互与创造，从而产生大量的新内容等数据，这些数据反映了社区居民的生活、工作、休闲、娱乐等方方面面，这才是元宇宙应用到房地产行业中创造的虚拟世界里最大的财富——房地产企业将拥有一大批数字资产。

如果说在现实世界里，未来房地产企业重视经营，持有物业、经营物业，提供相应的服务。那么在元宇宙世界里，如何经营这些数据，用好这些数据，是房地产企业的关键，也是房地产企业转型经营、实现可持续发展的重要依托。

未来已来

将至已至

远方不远

唯变不变

……

名词解释

(1) Adserving: 即为广告服务, 通常是指通过程序化广告投放系统将广告投放给消费者的服务。

(2) Adtech: 是"广告技术"的缩写, 是指用于自动化和优化广告流程（包括定向、购买和广告放置）的技术和软件。

(3) AIOT: 人工智能物联网 =AI（人工智能）+IoT（物联网）。AIoT 融合 AI 技术和 IoT 技术, 通过物联网产生、收集来自不同维度的、海量的数据存储于云端、边缘端, 再通过大数据分析, 以及更高形式的人工智能, 实现万物数据化、万物智联化。

(4) DevOps: Development 和 Operations 的组合词, 过程、方法和系统, 是指用于促进开发（应用程序 / 软件工程）、技术运营和质量保障（QA）部门之间的沟通、协作与整合。

(5) ERP: Enterprise Resource Planning, 即企业资源计划, 是一种通过使用软件和技术统一管理企业内部资源的方法。

(6) Martech: 是"营销技术"的缩写, 指的是用于支持和优化营销活动和流程（包括数据管理、自动化、分析和客户互动）的技术和软件。

(7) ROI（Return On Investment）: 即投资回报率, 是指通过投资而应返回的价值。

(8) Salestech: 是"销售技术"的缩写, 指的是用于支持和优化销售流程（包括潜在客户生成、客户关系管理（CRM）和销售激活）的技术和软件。

(9) 公域流量: 是指不属于个人, 而是公众所共有的流量, 包括广告公域、内容公域、微信公域、线下公域等。

(10) 归因技术: 是指研究每一个人在每一条内容上的消费互动（包括看的时间、时长、设备、地点、交互动作）以及这个受众传播出去以后作为影响力中心带来的点击、浏览、互动、留电和最终的到访成交等。

(11) 客户关系管理（CRM, Customer Relationship Management）: 是一种通过使用技术来管理和优化企业与客户之间关系的方法。CRM 系统可以帮助企业收集和维护客户信息, 并通过分析客户数据帮助企业识别、发展、服务客户, 从而改善客户体验和客户关系, 提高客户满意度和忠诚度。

(12) 客户画像: 是标签化的客户模型。具体来说就是将客户信息标签化, 通过收集与分析消费者社会属性、消费习惯、兴趣爱好等数据, 抽象出一个用户的全景画像, 以帮助企业精准定位、精准营销、预测与决策。

(13) 客户旅程: 是指客户对企业的完整体验。

（14）客户全生命周期（Customer Lifecycle）：是指客户与公司之间的整个互动过程，从客户第一次接触公司开始，到最终成为忠诚客户或离开公司为止。

（15）客户数据平台（CDP，Customer Data Platform）：是一种用于收集、组织和管理客户数据的软件平台，是可以实现用户细分，进行精准的自动化营销和广告投放的系统。

（16）客户终身价值（CLV，Customer Lifetime Value）：是指客户在其整个生命周期中将在业务上花费的金额。

（17）流量融合：运用 AI 技术促进公私域流量融合，深刻了解内容的演变、形态、转化效率，帮助企业做好融合。

（18）内容管理平台（CMP，Content Management Platform）：即通过"内容 + 数据 + 技术"为内容营销提供有效的生产制作、管理分发及效果分析等工具。

（19）品牌资产（Brand Equity）：是指品牌在客户眼中的价值。

（20）全民营销：是指任何资源都可以成为你的销售渠道，任何人都可以为你传播品牌、为你带货、为你实现成交。

（21）社会化的客户关系管理（SCRM，Social Customer Relationship Management，）：是指基于社交媒体的客户关系管理。

（22）数据管理平台（DMP，Data Management Platform）是一种用于管理、分析和利用客户数据的技术，它提供了一个集中的系统，帮助企业收集、整合、存储和分析关于客户的数据。

（23）数据资产管理（DAM，Data asset management ）：即规划、控制和提供数据及信息资产的一组业务职能，包括开发、执行和监督有关数据的计划、政策、方案、项目、流程、方法和程序，从而控制、保护、交付和提高数据资产的价值。

（24）私域流量：简单来说可被定义为沉淀在品牌或个人渠道的，可随时及反复触达的，能实现一对一精准运营的用户流量。

（25）系统工具：即技术工具与解决方案。两条腿走路，既提供标准化的 SaaS 软件，也面向重点客户（Key Account）提供定制化解决方案．

（26）异业协作：是指不同行业之间的合作，在营销、销售、生产等领域帮助企业创造更大的价值。

（27）营销闭环：指营销体系同各个流程模块组成完整的循环闭环。

（28）增长运营：是一种组织和运营业务的方法，旨在通过有效的策略和工具来提高公司的增长和效率。

（29）智慧联域：指的是房企可以跨业态、跨企业实现公私域的流量联合运营，来实现多方共赢的目标。

（30）智慧营销：是指使用先进技术、数据分析和自动化来提高营销效果和效率，目的是提供更相关和吸引人的客户体验，同时提高营销回报率。者社会属性、消费习惯、兴趣爱好等数据，抽象出一个用户的全景画像，以帮助企业精准定位、精准营销、预测与决策。

后　记

漫长的时间隧道中，一点光蕴藏着巨大能量。

这本书以这样的方式，在这个时间点完成，每个环节都宛如一个音符，知识链条、逻辑链条、实战链条、人际链条……乐谱中相互连接的律动和节奏，拓上了房企营销人独特的关于智慧营销的宝贵印记。

一个科技公司，主要客户在房地产，立志于把智慧营销做穿透、干落地、出实效，在中国地产和全球 SaaS 行业风雨飘摇的时代里，编写了一本把"地产智慧营销是什么、怎么做"讲清楚、能操作的实战指南，怎么说都有点"对酒当歌 人生几何"的感慨。

一方面，地产营销数字化正确而难：单价高、获客贵、交易频次低、客户黏性差、决策周期长；家庭成员参与的非单一决策、复杂的多机构参与的支付、始于线上触达的线下交易。

另一方面，智慧营销技术底层的构建面临信息化、数字化、智能化三浪叠加的挑战，存量资产和增量资产交替穿插，技术局面异常复杂，要想从 SaaS、AI、RAP、CRM、SCRM、Adtech、MarTech、SalesTech、DMP、NLP、CDP 等技术场景中梳理出一条持续增长的路径，绝对是一大考验。

还好，原圈科技的产品研发专家、客户成功管理专家（指品牌在产品之外向客户提供的全程指导咨询服务的顾问人员）、数字化战略专家和远洋集团的营销专家抽丝剥茧，摒除噪声，把行之有效的反复实战验证的算法、做法、战法整理成册，就是希望它能够成为一部地产营销兵书，好上手，能操作，可以立即用于实战带来价值。

非常感谢弯弓研究院（私域流量观察）的梅波院长，他和他的团队在《2023 企业媒体化发展研究白皮书》中提出的"品效销"合一、对于线索性私域应用的提炼也让我们的案例犹如长剑穿透迷雾。也要感谢同策研究院对地产政策及相关背景数据的整理，让这本书更贴合时代背景，让思考掷地有声。

更要感谢上海交大安泰经管学院的史占中教授和张涛博士，他们提升了本书内容的高度、视野的宽度和思考的厚度、工具传播的广度，以更接地气的表达把时代、技术、趋势、实战、案例，把营销理论的历史沿革、适应性进步，把殿堂里的智慧营销和厅堂中的工具融会贯通体用结合。

书中我们提出的房企要通过数智化提升适应性、可持续性、灵活度和变革能力的描述，以及结合组织变革推进智慧营销升级，在线化和数字化有助于提升企业经营韧性的建议，来源于未来学家里夫金的《韧性时代》。智慧营销的应用，是嵌入式的、沉浸式的，需要持续耕耘、日进一睪，需要全心投入；智慧营销又像彼岸花，你想它用它，它就在了。

有一种说法，城市的发展就是不断满足人们日益完美的见面需求的。可城市越发达，见面就越珍贵。见面需求也一定是从不见面开始，智慧营销的见面从线上开始，让拥有共同志向和目标的朋友们的见面，就从这本书开始吧。

这本书肇始于原圈科技创始人韩剑对智慧营销闪耀"人性光芒"的执著追求，他本人对目录大纲的雕刻、对关键章节的撰写，以及他熬夜秉烛地校对，他作为企业领头人对陷入繁忙工作中的其他撰稿同事的组织动员，他那种深藏在探究使命里的不屈不挠，还有对美好总会发生的无敌信念，镌刻在本书的字里行间。

但为君故，沉吟至今，是为跋。

——原圈科技合伙人 刘江贤